essentials

Patrizia Thoma · Boris Suchan

Klinische Neuropsychologie im ambulanten Setting

Eine Einführung für Psychotherapeutinnen und Psychotherapeuten

Patrizia Thoma
Klinische Neuropsychologie,
Neuropsychologisches Therapie
Centrum Fakultät für Psychologie
Ruhr-Universität Bochum
Bochum, Deutschland

Boris Suchan
Klinische Neuropsychologie,
Neuropsychologisches Therapie
Centrum Fakultät für Psychologie
Ruhr-Universität Bochum
Bochum, Deutschland

ISSN 2197-6708
essentials
ISBN 978-3-658-29884-5
https://doi.org/10.1007/978-3-658-29885-2

ISSN 2197-6716   (electronic)

ISBN 978-3-658-29885-2   (eBook)

Die Deutsche Nationalbibliothek verzeichnet diese Publikation in der Deutschen Nationalbibliografie; detaillierte bibliografische Daten sind im Internet über http://dnb.d-nb.de abrufbar.

Planung/Lektorat: Heiko Sawczuk
Springer ist ein Imprint der eingetragenen Gesellschaft Springer Fachmedien Wiesbaden GmbH und ist ein Teil von Springer Nature.
Die Anschrift der Gesellschaft ist: Abraham-Lincoln-Str. 46, 65189 Wiesbaden, Germany

Was Sie in diesem *essential* finden können

- Eine Einführung in die Klinische Neuropsychologie als Profession
- Eine Kurzübersicht über häufige kognitive und sozioemotionale Beeinträchtigungen nach erworbenen Hirnschädigungen
- Einen Überblick über diagnostische und therapeutische Möglichkeiten im ambulanten Setting

Inhaltsverzeichnis

Einführung: Aufgabenfelder und Rahmenbedingungen der Klinischen Neuropsychologie im ambulanten Setting

<blockquote>

▶ Frau S., 50 Jahre alt, zwei Kinder, arbeitet als erfolgreiche Geschäftsführerin eines mittelständischen Unternehmens. Vor einem Jahr hatte sie einen Autounfall, bei dem sie ein Schädel-Hirn-Trauma (SHT) erlitten hat. Im Krankenhaus hat man ihr gesagt, dass sie bald wieder „ganz die Alte" sein würde. Im Alltag erlebt Frau S. jedoch weiterhin Schwierigkeiten, die sowohl ihr berufliches als auch ihr privates Leben beeinträchtigen. Während Frau S. früher ohne Probleme einen zwölfstündigen Arbeitstag stemmen konnte, fällt es ihr nun deutlich schwerer, sich über längere Zeitspannen zu konzentrieren. Insbesondere strengen sie Besprechungen an, bei denen sie ihre Aufmerksamkeit auf mehrere Mitarbeiter*innen gleichzeitig lenken und die Gesprächsbeiträge koordinieren muss. Wenn ihre Aufmerksamkeit besonders stark gefordert ist, fällt es ihr auch schwer, sich Dinge zu merken, was sie besonders deprimiert, da sie früher stets aufgrund ihres phänomenalen Gedächtnisses bewundert wurde. Zuweilen hat sie Schwierigkeiten, ihre Aufgaben angemessen zu priorisieren. Allgemein ist sie schneller reizbar und ungeduldig, was sowohl im Beruf als auch zuhause mit ihren Kindern und ihrem Mann zu häufigen Auseinandersetzungen führt. Frau S. zieht sich aufgrund dieser Schwierigkeiten auch von ihrem sozialen Umfeld immer weiter zurück und zeigt zunehmend mehr Niedergeschlagenheit und Antriebslosigkeit.

</blockquote>

Das einführende Beispiel stellt einen typischen Fall einer Patientin dar, die infolge einer erworbenen Hirnschädigung neuropsychologischen Behandlungsbedarf aufweist. Klinische Neuropsycholog*innen befassen sich mit den kognitiven und emotionalen Folgen von Erkrankungen und Verletzungen,

© Springer Fachmedien Wiesbaden GmbH, ein Teil von Springer Nature 2020
P. Thoma und B. Suchan, *Klinische Neuropsychologie im ambulanten Setting*, essentials, https://doi.org/10.1007/978-3-658-29885-2_1

die das Gehirn betreffen. Zu den häufigsten Ursachen dafür gehören SHTs, Schlaganfälle, Hirntumore, entzündliche Hirnerkrankungen (wie z. B. eine Meningitis) und degenerative Erkrankungen, zu denen auch verschiedene Demenzformen zählen. Patient*innen, die an solchen Erkrankungen leiden, weisen neben eventuell bestehenden motorischen Problemen (z. B. Lähmungserscheinungen) häufig Schwierigkeiten im Bereich des Gedächtnisses, der Aufmerksamkeit und des Planungsvermögens auf. Zum Beispiel können sie sich nicht an Dinge erinnern, die in bestimmten Zeiträumen vor dem Schädigungsereignis passiert sind und/oder sie haben seitdem Probleme, neue Informationen zu behalten. Die meisten Patient*innen berichten, dass es ihnen schwerer fällt, sich zu konzentrieren, insbesondere, wenn sie ihre Aufmerksamkeit auf mehrere Dinge gleichzeitig richten müssen, wie z. B. beim Autofahren oder in größeren Gesprächsrunden. Es kann ihnen auch Probleme bereiten, ihren Tagesablauf angemessen zu strukturieren, Termine einzuhalten und vorausschauend zu planen. Manche leiden auch unter Wahrnehmungsproblemen, wie z. B. Einschränkungen des visuellen Gesichtsfeldes oder an Ausfällen im Bereich der taktilen Wahrnehmung oder Temperaturregulation. Bei vielen Patient*innen tritt eine Kombination all dieser Aspekte auf. Selbst bei denjenigen Patient*innen, die in den genannten Bereichen kaum bis keine offensichtlichen Beeinträchtigungen aufweisen, kann eine allgemein verminderte Belastbarkeit die Betroffenen stark in ihrer beruflichen und alltäglichen Leistungsfähigkeit einschränken. Nicht minder schwer wiegen psychische Veränderungen wie Depressivität, erhöhte Reizbarkeit oder Angststörungen, die zum Teil aus einer ungünstigen Verarbeitung der Krankheitsfolgen resultieren, die nicht selten das gesamte soziale System der Patient*innen und v. a. ihre Familien massiv belasten. Einige Patient*innen sind auch deutlich bezüglich ihrer Persönlichkeit verändert, z. B. erscheinen sie deutlich enthemmter oder antriebsloser als vor der Erkrankung.

In all diesen Fällen erfordert die Behandlung dieser Patient*innen eine spezifische Expertise, die neuropsychologische Behandler*innen aufweisen. Im Rahmen ihrer Ausbildung (siehe auch Kap. 4) haben sie sowohl Kenntnisse über das Gehirn und seine Funktionsweise als auch über die Diagnostik und Behandlung kognitiver und psychischer Funktionsstörungen nach Hirnschädigung erworben. Zum Teil weisen Neuropsycholog*innen auch eine Doppelqualifikation als Psychologische Psychotherapeut*innen und Neuropsycholog*innen auf.

Klinische Neuropsycholog*innen sind sowohl im stationären Rahmen – z. B. in Akuthäusern, v. a. jedoch in neurologischen Rehabilitationskliniken – als auch im ambulanten Setting tätig, z. B. in eigenen Praxen oder in einer Hochschulambulanz wie der unseren an der Ruhr-Universität Bochum. Hier stellt die

Approbation eine zwingende Voraussetzung für die Möglichkeit der Abrechnung der Leistungen mit den gesetzlichen Krankenkassen dar. Die Klinische Neuropsychologie wurde für das ambulante Setting erst 2012 in den Leistungskatalog der Kassen übernommen. Patient*innen mit erworbenen Hirnschädigungen, deren Beginn in der Regel nicht länger als fünf Jahre zurückliegen darf, können neuropsychologische Therapie in Anspruch nehmen, sofern sich infolge der Hirnschädigung behandlungsbedürftige Probleme in den Bereichen Lernen und Gedächtnis, Aufmerksamkeit, Wahrnehmung und räumliche Störungen, Denken, Planen und Handeln sowie psychische Störungen bei organischen Störungen entwickelt haben. Diese müssen im Rahmen einer neuropsychologischen Diagnostik nachgewiesen werden. Rein entwicklungsbedingte Auffälligkeiten der Hirnfunktion, wie z. B. die Aufmerksamkeits-Defizit-Hyperaktivitäts-Störung, fallen gemäß der entsprechenden Linie für die Abrechnung neuropsychologischer Diagnostik und Therapie zulasten der Gesetzlichen Krankenversicherung nicht in diesen Bereich, ebenso wenig wie Erkrankungen mit Progredienz in fortgeschrittenen Stadien (z. B. Demenzen). Detaillierte Ausführungen zu den Abrechnungsvoraussetzungen für neuropsychologische Diagnostik und Therapie finden sich in der aktuellen durch den Gemeinsamen Bundesausschuss veröffentlichten Richtlinie „Methoden vertragsärztliche Versorgung" (letzte Fassung vom September 2019).

Im Rahmen der ambulant erfolgenden neuropsychologischen Therapie stehen neben den oben beschriebenen Problembereichen zusätzlich häufig die Frage nach der Fahrtauglichkeit und den Möglichkeiten der schulischen und beruflichen Wiedereingliederung nach einer Hirnschädigung im Fokus der Therapie. Zum Teil muss mit den Patient*innen erarbeitet werden, dass eine Rückkehr in den alten Beruf nicht möglich ist, was Umschulungen oder die Einleitung eines Berentungsverfahrens nach sich ziehen kann. Die sozialrechtlichen Konsequenzen einer Behinderung, die aus einer Hirnschädigung resultieren, sowie die medizinischen Probleme, mit denen sich die Patient*innen konfrontiert sehen (u. a. Medikation, Schmerzen, epileptische Anfälle) erfordern nicht nur regelhaft eine Mitbehandlung durch Neurolog*innen, Ergotherapeut*innen, Physiotherapeut*innen und Logopäd*innen, sondern in hohem Ausmaß auch eine Kooperation mit diesen Berufsgruppen und ggf. auch mit Sozialarbeiter*innen im Rahmen der neuropsychologischen Behandlung.

Die nachfolgenden Kapitel sollen einen kurzen Überblick über allgemeine Ziele und Methoden neuropsychologischer Diagnostik und Therapie sowie über typische Problembereiche nach erworbenen Hirnschädigungen bieten. Die Darstellungen beziehen sich dabei schwerpunktmäßig auf den ambulanten Rahmen. Die Arbeit im stationären Setting, insbesondere im Bereich der

Frührehabilitation, erfordert zum Teil eine andere Vorgehensweise, die u. a. stärker auch die dann häufig noch bestehenden medizinischen Grundprobleme der Patient*innen berücksichtigt und bezüglich Diagnostik und Therapie nicht selten eine niederschwelligere Vorgehensweise, auch aufgrund der noch geringeren Belastbarkeit der Patient*innen, erfordert.

Zusammenfassung

Eine ambulante neuropsychologische Therapie kommt für Patient*innen infrage, die

- in den letzten fünf Jahren eine erworbene Hirnschädigung erlitten haben und
- infolge dessen behandlungsbedürftige Schwierigkeiten in den Bereichen Lernen und Gedächtnis, Aufmerksamkeit, Wahrnehmung und räumlichen Leistungen, Denken, Planen und Handeln und psychische Störungen bei organischen Störungen aufweisen
- nicht an einer progredienten Hirnerkrankung im fortgeschrittenen Stadium leiden

Allgemeine Einführung in die neuropsychologische Diagnostik und Therapie

2

2.1 Ziele und Methoden neuropsychologischer Diagnostik

Ziel der neuropsychologischen Diagnostik ist es, die kognitiven und emotionalen Folgen der erworbenen Hirnschädigung zu erfassen und zu quantifizieren. Wichtig ist es darüber hinaus auch, die Auswirkung dieser Schädigungen auf den Alltag aufzuzeigen. Die Ergebnisse der neuropsychologischen Diagnostik bieten außerdem wertvolle Ansätze für die Planung der Therapie. Dabei wirken sich natürlich auch die individuellen Lebensumstände der Patient*innen darauf aus, wie die Ergebnisse der Diagnostik zur Therapieplanung beitragen. So können Diagnostikergebnisse in den Hintergrund rücken, wenn der/die Patient*in bestimmte Funktionen, wie z. B. das Erlernen neuer Informationen im Alltag gar nicht mehr einsetzt, da die Person vorher schon in einer Einrichtung gelebt hat, die den Tagesablauf vorgegeben hat. Grundsätzlich ist es aber wichtig, alle Funktionsbereiche und deren aktuelles Profil zu erfassen, um sowohl die Schwächen als auch die Stärken der Betroffenen aufzuzeigen. Gerade das Aufzeigen von Stärken kann sehr gut als Ressource für die Rehabilitation genutzt werden. Ist z. B. das verbale Gedächtnis betroffen, das visuelle aber gut erhalten, können Visualisierungsstrategien geübt werden, um die verbalen Defizite zu kompensieren.

2.1.1 Bildgebende Verfahren

In der Diagnostik spielen die sogenannten bildgebenden Verfahren, wie die Magnetresonanztomographie (Erfassung und Darstellung der Strukturen

© Springer Fachmedien Wiesbaden GmbH, ein Teil von Springer Nature 2020
P. Thoma und B. Suchan, *Klinische Neuropsychologie im ambulanten Setting,*
essentials, https://doi.org/10.1007/978-3-658-29885-2_2

im Gehirn), die röntgenbasierte Computertomographie oder auch die Positronen-Emissions-Tomographie (Messung der Anreicherung radioaktiver Marker im zerebralen Blutfluss, bzw. Messung des Stoffwechsels), eine bedeutende Rolle. Sie bieten eine sehr gute Möglichkeit, die Lokalisation einer Hirnschädigung zu illustrieren. Die Kenntnisse über die Vor- und Nachteile sowie die basalen physikalischen Grundlagen der einzelnen Verfahren sind für die Aufklärung der Patient*innen wichtig und werden einführend für Psycholog*innen in dem Buch von Jäncke zu Methoden der Bildgebung in der Psychologie und den kognitiven Neurowissenschaften beschrieben.

Die Allgegenwärtigkeit bildgebender Verfahren, auch in der Presse, birgt aber auch Gefahren. So sind nicht alle Hirnschädigungen mit diesen Techniken darzustellen. Es kann vorkommen, dass die Ergebnisse der neuropsychologischen Diagnostik auf Probleme in einem bestimmten Funktionsbereich hindeuten, diese aber durch die Bildgebung nicht gestützt werden. Gerade im Bereich der neuropsychologischen Begutachtung kann dies zu Problemen führen. Zu empfehlen ist, die entsprechenden Leitlinien hinzuziehen, in denen solche Fälle auch diskutiert werden. Ebenso ist das Gehirn auch plastisch, d. h. es verändert sich fast ständig, sowohl funktionell als auch strukturell. Der bekannte Fall eines französischen Beamten, der fast gar kein Gehirn mehr hatte, aber trotzdem ein fast normales Leben führte, wird gerne als Beispiel für die neuronale Plastizität des Gehirns herangezogen. Die Ergebnisse der bildgebenden Diagnostik stehen in diesem Fall im Gegensatz zu den Ergebnissen der neuropsychologischen Diagnostik bzw. der Tastsache, dass die betroffene Person ein relativ normales Leben führte. Neben der Plastizität, die im Gehirn immer wieder zu beobachten ist, zeigt dieses Beispiel aber auch sehr deutlich, wie wichtig die Ergebnisse der neuropsychologischen Diagnostik sind. Nur das Aufzeigen von alltagsrelevanten Problemen macht für die Patient*innen und auch die Therapie Sinn. Ein noch so auffälliges Kernspinbild ohne direkte Auswirkungen auf die Alltagsfunktionen lässt eine Therapie erst einmal sinnlos erscheinen. Zudem kann eine Läsion in einem bestimmten Hirngebiet auch zu Defiziten in Funktionen führen, die an diesem Ort gar nicht lokalisiert sind. Nachdem die präzise Lokalisation von Hirnfunktionen bis zum Anfang des Jahrhunderts sehr großes Interesse nach sich zog, gehen die neuen Erklärungsansätze eher von Netzwerkstrukturen der Hirnfunktionen aus. So kann eine Schädigung an einem Ort im Gehirn eine woanders lokalisierte Funktion beeinträchtigen, da die Informationen nicht an diese Lokalisation weitergeleitet werden können. Es scheint demnach, dass eine Schädigung am Ort B vorliegt, obwohl dieser aber einfach nicht die entscheidenden Informationen von Ort A erhält. Neben diesen neuroanatomischen Informationen bietet gerade die Positronen-Emissions-Tomographie die Möglichkeit, auch den

Stoffwechsel im Gehirn zu erfassen. Dies kann für die Diagnose von Demenzen (z. B. der Alzheimer Demenz) einen entscheidenden Hinweis darauf geben, wenn strukturelle Veränderungen nicht aufgezeigt werden konnten. Grundsätzlich ist aber festzuhalten, dass die bildgebenden Verfahren einen wichtigen Beitrag für die Diagnostik leisten, dieser aber auch immer kritisch diskutiert werden muss.

2.1.2 Neuropsychologische Untersuchungen

Wichtig für die neuropsychologische Diagnostik ist der gezielte und sinnvolle Einsatz entsprechender neuropsychologischer Testverfahren, mit dem Ziel, die untersuchten Funktionsbereiche adäquat beschreiben zu können. Herbei können auch Fragebögen wertvolle Hinweise geben. Natürlich besteht immer die Möglichkeit einer persönlichen Verzerrung bei der Beantwortung solcher Fragebögen, diese können aber durch die Ergebnisse der Verhaltensbeobachtung und auch Informationen durch Angehörige entsprechend relativiert werden.

Für die neuropsychologische Diagnostik sind a) Verhaltensbeobachtungen der betroffenen Person b) Verhaltensveränderungen erfasst durch Berichte von Angehörigen und c) die neuropsychologische Diagnostik wichtig. Alle drei Informationsquellen zusammen sollten ein kohärentes Bild über die Fähigkeiten der betroffenen Person aktuell, aber auch vor der Erkrankung aufzeigen. Nur so ist aufbauend auf den Diagnostikergebnissen eine sinnvolle Therapieplanung möglich. Einen guten Überblick über die gebräuchlichsten deutschsprachigen Testverfahren bietet das dreiteilige Handbuch Neuropsychologischer Testverfahren von Schellig und Kolleg*innen (2009), in dem die Tests, ihr Anwendungsgebiet, sowie Informationen zur Normierung, Validität und Reliabilität sehr gut aufbereitet dargestellt sind.

Neuropsychologische Diagnostik

Definition: Neuropsychologische Diagnostik erfasst die Folgen der Hirnschädigung in Bezug auf die kognitiven Funktionen wie Aufmerksamkeit, Gedächtnis und Exekutive Funktionen.

Bildgebende Verfahren unterstützen die neuropsychologische Diagnostik nur in Bezug auf die Lokalisation einer möglichen Schädigung, die sich jedoch nicht immer adäquat darstellen lässt.

2.2 Ziele und Methoden neuropsychologischer Therapie

Ziel der neuropsychologischen Therapie ist die bestmöglichste Wiederherstellung der betroffenen geschädigten Hirnfunktionen oder der Erwerb von Kompensationsstrategien mit dem Ziel, die Teilnahme des/der Patient*in sowohl am beruflichen als auch am privaten Alltag so gut es geht zu verbessern. Patient*innen kommen oft mit dem Anspruch, dass es so werden sollte, wie es früher war. Dies ist in den meisten Fällen nicht zu erreichen. Es geht demnach in der neuropsychologischen Therapie darum, möglichst nah an das vorherige Funktionsniveau heranzukommen oder durch entsprechende Strategien mit den Defiziten im Alltag umgehen zu lernen. Grundmechanismus der Rehabilitation ist die Plastizität des Gehirns. Bis ins letzte Jahrhundert glaubte man, dass Plastizität nur im jungen Gehirn zu finden ist. Entscheidende Arbeiten von Draganski et al. (2004) konnten zeigen, dass auch das erwachsene Gehirn plastisch ist und sich bei entsprechender Stimulation z. B. die Dichte der grauen Substanz im Gehirn verändert. In dem eben zitierten Artikel konnten die Autoren zeigen, dass die Dichte der grauen Substanz im Gehirn nach einem Jongliertraining in bestimmten Arealen zunimmt. Allerdings konnten die Autoren auch zeigen, dass sich dieser Prozess wieder umkehrt, wenn das Training beendet wird. Plastizität geht demnach in beide Richtungen und ist stark von dem Gebrauch der entsprechenden Funktion abhängig. So beschreibt „Use it or loose it" diesen Prozess sehr gut. Diese Beispiele aus der Literatur, die auch immer wieder in der Presse dargestellt werden, wecken bei Betroffenen und Angehörigen große Erwartungen. Die Erfolge eines solchen Ansatzes sind allerdings sehr individuell. Zusätzlich ist natürlich zu bemerken, dass nicht alle Funktionen trainierbar sind wie das für die Motorik aufgezeigt werden konnte. Das reine Üben, etwas zu erinnern, führt langfristig nicht zum Erfolg, das Gedächtnis ist nicht mit einem Muskel vergleichbar. Ebenso verhält es sich mit der Aufmerksamkeit und den exekutiven Funktionen. Geübt und trainiert werden können nur Strategien für den Umgang mit den Problemen in den entsprechenden Bereichen. Der entscheidende Schritt bei einem solchen Training ist aber der Alltagstransfer: Werden die neu erlernten Strategien auch außerhalb der Therapie verwendet oder nicht? Findet dieser Transfer nicht statt, beschränkt sich der Erfolg auf die entsprechende Übungssituation. Die Teilhabe am beruflichen und privaten Leben ist dann nicht verändert worden und das Ziel der neuropsychologischen Therapie wurde verfehlt. Was nützt dem/der Patient*in der „High-Score" in einem Computerprogramm, wenn er oder sie trotzdem mit den Alltagssituationen nicht zurechtkommt?

Die neuropsychologische Therapie lässt sich in drei Bereiche unterteilen: Restitution (die Wiederherstellung der beschädigten Funktionen) Kompensation (das Erlernen von Ersatzstrategien) und die Integrative Verfahren, die psychotherapeutische Ansätze beschreiben, die das Ziel haben, mit den Folgen der Hirnverletzung im Alltag umzugehen.

2.2.1   Restitution

Restitution beschreibt die Wiederherstellung von geschädigten Funktionen in der Akutphase. Hier setzt die Plastizität des Gehirns direkt an. Durch Stimulation der Funktionen und durch spontane Erholung kommt es zu einer teilweisen oder auch kompletten, spontanen Erholung der betroffenen Hirnfunktionen. Teilweise kommt es auch nach dem schädigenden Ereignis zu einer Spontanremission, im Rahmen derer sich die Schädigungen zurückbilden.

2.2.2   Kompensation

Kompensation schließt sich an die Phase der Restitution an. Sie beschreibt die Nutzung von Hilfsmitteln. Das beste Beispiel für einen kompensatorischen Ansatz ist die Verwendung eines Rollstuhls oder eines Rollators bei motorischen Problemen. Für kognitive Funktionen bestehen solche „Umwegstrategien" z. B. in der Verwendung von Tagebüchern, Einkaufslisten oder aber auch Smartphones, sofern diese durch die Patient*innen genutzt werden können. Diese kompensatorischen Strategien sind individuell für die einzelnen Patient*innen zu gestalten. Dazu sollten die noch vorhandenen Funktionen als Ressourcen genutzt werden und zusätzlich aber auch prämorbide Strategien oder Vorlieben integriert werden, sofern das möglich ist. Im Rahmen der Kompensation kann aber auch die Veränderung z. B. des Arbeitsplatzes oder der Arbeitsbedingungen angestrebt werden. Die Veränderung des Aufgabenfeldes der beruflichen Tätigkeit oder die Verringerung der Arbeitszeit sind zusätzlich wichtige Ansätze. Natürlich kann auch ein entsprechendes Pausenmanagement entwickelt werden, das der betroffenen Person dabei hilft, die Minderbelastbarkeit zu kompensieren.

2.2.3 Integrative Verfahren

Im Rahmen der integrativen Verfahren werden Psychotherapieverfahren im Einzel- oder Gruppensetting genutzt. Trotz einer im besten Fall guten Wiederherstellung der geschädigten Funktionen muss die betroffene Person lernen, die noch bestehenden Probleme bzw. Defizite, die wahrscheinlich nicht mehr verschwinden werden, zu akzeptieren und in ihr Selbstbild zu integrieren. Das Problem der neuropsychologischen Folgen einer Hirnschädigung besteht zusätzlich darin, dass es sich um „unsichtbare" Krankheitsfolgen handelt. Während ein motorisches Defizit sofort gesehen wird und auch entsprechend beachtet wird, sind Gedächtnis- und Aufmerksamkeitsstörungen nicht direkt sichtbar. In vielen Fällen trägt diese Unsichtbarkeit auch dazu bei, dass die Probleme zwar bekannt sind, sie im Alltag aber trotzdem nicht mehr von der Umwelt erinnert werden. Der/die Patient*in muss so einen Weg erlernen, um mit dieser ungewollten Ignoranz der Umwelt umzugehen. In manchen Fällen kommt es nach einer Hirnschädigung auch zu einer Veränderung der Persönlichkeit mit entsprechenden Verhaltensstörungen oder aber zu Depressionen und Angststörungen. Dies führt nicht nur bei den Betroffenen, sondern auch bei den Angehörigen zu deutlichen Problemen und muss entsprechend psychotherapeutisch behandelt werden, wobei für den/die Therapeut*in ein Wissen über die Folgen der Hirnschädigung entscheidend ist (siehe dazu auch die Ausführungen in Abschn. 3.4). So müssen die durch Gedächtnis- oder Aufmerksamkeitsstörungen entstandenen Probleme entsprechend in der Therapie berücksichtigt werden, andernfalls würde die Therapie erfolglos verlaufen.

Typische Schwerpunkte in der ambulanten Behandlung 3

3.1 Störungen der Aufmerksamkeit

„Jeder weiß, was Aufmerksamkeit ist. Es ist die Besitzergreifung des Geistes, in deutlicher und lebhafter Weise, von einem von anscheinend mehreren gleichzeitig möglichen Objekten oder Gedankengängen. Zuwendung und Konzentration des Bewusstseins gehören zu ihren Voraussetzungen. Sie impliziert Vernachlässigung einiger Dinge, um andere besser verarbeiten zu können, und sie ist ein Zustand mit einem echten Gegenteil, nämlich dem verwirrten, benommenen, zerstreuten Zustand, der auf Französisch distraction und auf Deutsch Zerstreutheit heißt." William James, *Principles of Psychology* (1890)

Das Zitat von William James beschreibt die Aufmerksamkeitsfunktionen relativ einfach und gut nachvollziehbar. Es macht aber auch deutlich, dass es auch ein Gegenteil zur Aufmerksamkeit gibt. Die genaue Diagnostik der Aufmerksamkeitsfunktionen zur Darstellung der vorhandenen Ressourcen, aber auch der beeinträchtigten Bereiche ist entscheidend für eine sinnvolle Therapie. Grundsätzlich ist die Leitlinie zur Diagnostik und Therapie der Aufmerksamkeitsstörungen zu empfehlen (Sturm et al. 2009), wobei zu hoffen bleibt, dass es in naher Zukunft eine aktuelle Version geben wird. Die Unterteilung der Aufmerksamkeit in die entsprechenden Bereiche wird im Folgenden dargestellt.

3.1.1 Aufmerksamkeit: Intensität

Aufmerksamkeitsstörungen werden in 30–70 % der Patient*innen nach Schädelhirnverletzung beobachtet. Sie stellen somit einen wichtigen Schwerpunkt sowohl für die Behandlung als auch für die Alltagsgestaltung der Betroffen

© Springer Fachmedien Wiesbaden GmbH, ein Teil von Springer Nature 2020
P. Thoma und B. Suchan, *Klinische Neuropsychologie im ambulanten Setting,*
essentials, https://doi.org/10.1007/978-3-658-29885-2_3

dar. Eine genaue Diagnostik der Aufmerksamkeitsstörungen ist ebenso wichtig wie die darauf aufbauende Therapie. Grundsätzlich werden bei Aufmerksamkeit die Intensität und die Selektivität unterschieden (Sturm 2005). Die Intensität beinhaltet die Bereiche Alertness, Daueraufmerksamkeit und Vigilanz.

3.1.1.1 Alertness

Alertness beschreibt die allgemeine Rektionsbereitschaft, die zusätzlich in eine tonische und phasische Komponente unterteilt wird. Die tonische Alertness misst somit die ständige Reaktionsbereitschaft und wird über die Reaktionszeit auf einen einzelnen Reiz, der auf einem Monitor gezeigt wird, gemessen. Die phasische Alertness wird dagegen als Reaktion auf einen Reiz auf dem Monitor gemessen, dessen Erscheinen durch einen Ton angekündigt wird. Der Proband muss somit seine Aufmerksamkeit kurzfristig steigern, sobald der Ton das Erscheinen des Reizes ankündigt. Die Differenz der Reaktionszeiten der tonischen und phasischen Alertness zeigt an, wie gut der/die Proband*in von dem Warnton profitiert.

3.1.1.2 Daueraufmerksamkeit

Die Daueraufmerksamkeit beschreibt die Fähigkeit, die Aufmerksamkeit über einen längeren Zeitraum (15 min) aufrecht zu erhalten. Zur Messung der Daueraufmerksamkeit werden schnell wechselnde Reizkonfigurationen auf dem Monitor dargeboten, auf die der Proband reagieren soll. Bei entsprechender Auswertung können sowohl die Fehler als auch die Anzahl der ausgelassenen Reaktionen im Verlauf der Zeit ausgewertet werden. So wird eine mögliche Zunahme dieser Werte über den zeitlichen Ablauf der Testung illustriert. Es ist wahrscheinlich gut nachvollziehbar, dass Daueraufmerksamkeit eine wichtige Voraussetzung für jegliche berufliche Tätigkeit ist.

3.1.1.3 Vigilanz

Einen dritten Aufmerksamkeitsbereich stellt die Vigilanz dar. Diese beschreibt wie die Daueraufmerksamkeit die Fähigkeit, über einen längeren Zeitraum (30 min) die Aufmerksamkeit aufrecht zu erhalten. Der Unterschied zur Daueraufmerksamkeit besteht darin, dass die Reizkonfigurationen, auf die reagiert werden soll, sich nur langsam ändern. Vergleichbar ist dies mit der Arbeit an einem Radarmonitor. Es ist allerdings kritisch zu hinterfragen, in welchen Bereichen des täglichen Lebens solche Fertigkeiten gefordert werden.

3.1.2 Aufmerksamkeit: Selektivität

Der zweite Bereich der Aufmerksamkeit, die Selektivität, umfasst die Bereiche selektive und geteilte Aufmerksamkeit.

3.1.2.1 Selektive Aufmerksamkeit

Die Selektive Aufmerksamkeit fordert die Reaktion auf einen oder mehrere definierte Reize, die zufällig mit anderen Reizen gezeigt werden. So muss bei diesen Aufgaben die Reaktion auf die nicht definierten Reize unterdrückt werden. Ausgewertet werden hier die falschen Reaktionen auf die nicht vorgegebenen Reize.

3.1.2.2 Geteilte Aufmerksamkeit

Die geteilte Aufmerksamkeit hingegen beschreibt, wie der Name es andeutet, die Reaktion auf verschiedene Reize, meistens aus zwei Modalitäten. So wird dies durch die gleichzeitige Reaktion auf visuelle und akustische Reize getestet. Dass diese Aufmerksamkeitsfunktionen wichtig für den täglichen Alltag sind, kann am besten mit der Situation während des Autofahrens verdeutlicht werden: Sie steuern Ihr Auto, während Sie sich mit Ihrem Beifahrer unterhalten und zusätzlich noch die Verkehrsnachrichten verfolgen.

Natürlich ist auch im Bereich der Aufmerksamkeit die Verhaltensbeobachtung wichtig. Lässt der Patient sich durch Geräusche etc. ablenken? Kann er längere Zeit eine Aufgabe bearbeiten oder wirkt er vielleicht abwesend und verliert im Gespräch schnell den „roten Faden"?

3.1.3 Therapie von Aufmerksamkeitsstörungen

Erste Metaanalysen von Cicerone und Mitarbeitern (2000) konnten die Wirksamkeit von spezifischem Aufmerksamkeitstraining aufzeigen. Diese Wirksamkeit scheint aber nur auf die postakute, chronische Phase beschränkt zu sein. Als gut aufgebautes Therapiemanual mit entsprechend vielen Übungen sei an dieser Stelle das Manual von Finauer et al. (2019) genannt. Auch das Workbook von Winson et al. (in deutscher Übersetzung 2020 erhältlich) liefert sehr gute Materialien für die Therapie von Aufmerksamkeitsstörungen. Im letztgenannten Buch sind zusätzlich gute Materialien für die Psychoedukation zu finden. Es bietet auch Vorlagen für die Erstellung eines individuellen Aufmerksamkeitsprofils, in dem

Stärken und Schwächen in Bezug auf die Aufmerksamkeit sehr gut herausgearbeitet werden können. Dieser Ansatz ist als sehr alltagsnah zu bewerten.

Neben den eben beschriebenen Ansätzen existiert ein sehr großes Angebot an computergestützten Verfahren, die sehr speziell die einzelnen Aufmerksamkeitsfunktionen bzw. deren Ausfälle trainieren.

Einem Aufmerksamkeitstraining sollte eine gute Psychoedukation vorausgehen, damit der Sinn und Hintergrund des Ansatzes für den/die Patient*in verständlich ist. Sturm et al. (2003) konnten zeigen, dass nur ein gezieltes Training der beeinträchtigten Funktionen zu einer Verbesserung dieser Funktionen führt. Das Training einfacher Aufmerksamkeitsfunktionen mit dem Ziel, Grundlagen für komplexere Funktionen zu schaffen, mag intuitiv klingen, zeigte aber in Studien keine Wirksamkeit. Ein Problem der beschriebenen Trainings am Computer ist aber der Alltagstransfer. Dieser muss explizit geübt werden. Hierfür müssen entsprechende schwierige Situationen, in denen die betroffenen Aufmerksamkeitsfunktionen benötigt werden, herausgearbeitet werden und die besten Strategien im Umgang mit diesen Situationen vorbereitet und im Anschluss in dieser Situation geübt werden. Dazu sei auf die Ansätze aus dem Buch von Winson und Kolleginnen (2020) verwiesen. Hier werden sehr gut verschiedene problematische Situationen und der Umgang mit diesen dargestellt.

3.1.4   Visuell-räumliche Aufmerksamkeit und Neglect

Eine besondere Form der Aufmerksamkeit ist die visuell-räumliche Aufmerksamkeit. Diese lässt sich am besten anhand der Defizite illustrieren, die nach Schädigungen der rechten Hemisphäre auftreten. Bei diesen Patient*innen ist ein sogenannter Neglect zu beobachten. Dabei bestehen keine Defizite im Bereich des Sehens, die Betroffenen richten ihre Aufmerksamkeit aber nicht automatisch auf die linke Raumhälfte. Alles was sich auf der linken Seite der Umwelt befindet, kann nicht verarbeitet werden. Für sie existiert im Extremfall nur die rechte Seite der Umwelt mit einer entsprechenden Verschiebung der subjektiven Mitte nach rechts. Rollstuhlfahrer mit einem Neglect fahren wegen der Mittellinienverschiebung nicht geradeaus, sondern immer wieder links an die Wand. In Lehrbüchern und in der Diagnostik werden immer wieder Bilder gezeigt, bei denen nur die rechte Seite eines Objektes, z. B. einer Blume oder eines Sterns abgezeichnet wurden, obwohl die vom Neglect betroffene Person das komplette Bild als Vorlage hatte. Dies bedeutet aber auch, dass es einen räumlichen und auch einen objektbezogenen Neglect gibt. Zusätzlich konnte in einem sehr bekannten Experiment gezeigt werden, dass Neglect auch für die Vorstellung von Situationen existieren kann. Bei der Aufgabe, sich den Domplatz von Mailand vorzustellen, vernachlässigten die in Mailand heimischen Probandinnen immer die linke Seite in Abhängigkeit davon, auf welcher Seite des Domplatzes sie sich in der Vorstellung stellten. Dies zeigt, dass die Informationen über den Domplatz bei den Patientinnen vorhanden waren, sie aber nur auf die rechte Seite der Repräsentationen zugreifen konnten bzw. die Aufmerksamkeit auf diese Seite lenken konnten.

Am effektivsten hat sich bei der Therapie des Neglects die optokinetische Stimulationstherapie erwiesen. Hierbei bearbeitet der/die Patient*in Leseaufgaben an einem Computermonitor, während im Hintergrund Pfeile oder Punktwolken von rechts nach links, d. h. in die betroffene Seite wandern. Dieser Ansatz, der die Aufmerksamkeit der Patienten*innen „nach links zieht", konnte in mehreren Studien im Vergleich zu anderen Ansätzen die besten und stabilsten Effekte aufzeigen. Es empfiehlt sich ebenfalls, auch ein Selbstinstruktionstraining mit den Patient*innen durchzuführen, das ihnen eine direkte Anwendung im Alltag garantiert: „Ich muss den linken Anfang der Zeile finden", „Der Esstisch muss von links nach rechts abgesucht werden."

Aufmerksamkeit

Definition: Aufmerksamkeit beschreibt keine einheitliche Funktion, sondern lässt sich in Bezug auf die Intensität und die Selektivität der Anforderungen unterscheiden. Dazu gibt es eine Sonderform, die visuell-räumliche Aufmerksamkeit, deren Störung sich im Sinne einer Vernachlässigung der meist linken Seite äußert.

Therapeutisches Vorgehen
- Genaue Diagnostik der betroffenen Aufmerksamkeitsfunktionen
- Spezifisches Training der gestörten Aufmerksamkeitsfunktionen

---

3.2 Beeinträchtigungen des Gedächtnisses

Probleme mit dem Gedächtnis sind schon für gesunde Personen eine Belastung, umso mehr nach einer Hirnschädigung. Grundsätzlich wird bei Gedächtnisstörungen zwischen retrograden und anterograden Gedächtnisstörungen (Amnesien) unterschieden. Retrograde Gedächtnisstörungen beschreiben den Verlust der gespeicherten Gedächtnisinhalte, die vor der Schädigung des Gehirns erworben wurden. Anterograde Gedächtnisstörungen beschreiben dagegen die Unfähigkeit, neue Gedächtnisinhalte abzuspeichern. Diese Einteilung nimmt den

Zeitpunkt der Hirnschädigung als Referenzpunkt. Die strikte Trennung von retrograden und anterograden Amnesien ist nicht immer gegeben. Meistens gibt es bei anterograden Amnesien auch einen Anteil retrograder Gedächtnisverluste. Es ist vielleicht gut nachvollziehbar, dass der Verlust retrograder Gedächtnisanteile für die betroffene Person nicht nur das Gedächtnis direkt betrifft, sondern auch Inhalte, die die Persönlichkeit einer Person ausmachen und definieren. Man stelle sich nur vor, dass eine Person nicht mehr weiß, was sie früher gewählt hat, wer ihre Freunde waren oder welchen Fußballverein sie favorisiert hat. Es kann auch vorkommen, dass eine Person mit einer retrograden Amnesie vergessen hat, dass sie geschieden ist und plötzlich bei dem ehemaligen Lebenspartner an der Tür klingelt. So gehen bei einer retrograden Amnesie Informationen verloren, die die Persönlichkeit auch deutlich mitprägen. Die verlorenen Inhalte sind größtenteils auch nicht mehr neu zu erlernen. Vielleicht mag eine anterograde Amnesie weniger erschreckend klingen, allerdings muss man sich dabei vorstellen, dass bei einer anterograden Amnesie die Zeit praktisch mit der Schädigung stehen bleibt, da keine, oder nur sehr wenige neue Informationen abgespeichert werden können.

Eine besonders starke anterograde Amnesie hat der bekannte Patient Clive Wearing, dessen Gehirn durch eine Herpes Simplex Encephalitis stark geschädigt wurde. Seitdem beträgt seine Gedächtnisspanne ca. 30 s. Auf youtube.com sind einige Filme über Wearing zu finden, die einen sehr guten Eindruck davon vermitteln, wie sich eine anterograde Gedächtnisstörung darstellen kann.

3.2.1 Gedächtnismodelle: Explizites und implizites Gedächtnis, mentale Zeitreisen

Die Gedächtnisforschung der letzten 70 Jahre basiert sowohl auf Untersuchungen an Patient*innen als auch auf Ergebnissen aus Studien, die mithilfe bildgebender Verfahren durchgeführt wurden. Diese zeigen die Netzwerke im Gehirn auf, die an der Einspeicherung und am Abruf von Gedächtnisinhalten beteiligt sind. Der wohl bekannteste Patient der Gedächtnisforschung ist Henry Gustav Molaison, dem wegen einer medikamentös nicht zu behandelnden Epilepsie eine kleine Struktur, der sogenannte Hippocampus, in seinen beiden Schläfenlappen entfernt wurde. Dies hatte dramatische Folgen, da er seit dem Zeitpunkt der Operation unter einer anterograden Amnesie litt. Seit dieser Zeit wurde er von der Neuropsychologin Suzanne Corkin begleitet und immer wieder untersucht. Trotzt der fast 50-jährigen Zusammenarbeit hatte Molaison nie gelernt, dass Frau Corkin seine ihn behandelnde Neuropsychologin ist. Er hatte eher das Gefühl, sie seien zusammen zur Schule gegangen. Neben dem Befund, dass der Hippocampus für die Einspeicherung neuer Informationen entscheidend ist, zeigte der Fall Molaison auch, dass eine Unterscheidung in ein explizites und ein implizites Gedächtnis möglich ist. Molaison war fähig, neue Fertigkeiten zu lernen, z. B. einen Stern nachzuzeichnen, den er nur in einem Spiegel sehen konnte. Dies stand im Gegensatz zu der Tatsache, dass er sich an den Lernprozess an sich gar nicht mehr erinnern konnte. Der weiter oben erwähnte Clive Wearing zeigt eine ähnliche Dissoziation. Obwohl er nur eine Gedächtnisspanne von 30 s hat, kann er ohne Probleme noch Orgel spielen oder seinen alten Chor dirigieren. D. h. das prozedurale Gedächtnis ist auch bei ihm erhalten und seine Funktionen stehen im Gegensatz zu den deutlich eingeschränkten Funktionen des episodischen Gedächtnisses. Neben der Unterteilung in ein explizites und ein implizites/ prozedurales Gedächtnis lässt sich das explizite Gedächtnis noch zusätzlich in das episodische Gedächtnis (das Erinnern von Ereignissen aus dem eigenen Leben) und das semantische Gedächtnis (die Erinnerung an alle gelernten Fakten: „Der Eiffelturm steht in Paris") einteilen. Bei Henry Molaison lag ein deutliches Defizit im Bereich des episodischen Gedächtnisses vor. Wie weit neben den anterograden Gedächtnisproblemen auch retrograde Gedächtnisdefizite vorlagen, ist nicht genau zu eruieren. Während in den meisten Lehrbüchern von einem absteigenden Gradienten in die Vergangenheit die Rede ist, deutet Frau Corkin in ihrem Buch über Henry Molaison („Permanent Present Tense") an, dass er sich nur an wichtige und bedeutsame Ereignisse erinnerte, wie z. B. eine Flugreise. Durch die schwere anterograde Amnesie war es Molaison nicht möglich, sich zu merken, dass sein Vater gestorben war, auch wenn er selber davon sprach, dass er ein „seltsames Gefühl" habe, nachdem sein Vater gestorben war. Dies lässt sich eher mit der Funktion des impliziten Gedächtnisses erklären.

Es mag leicht nachvollziehbar sein, dass das Gedächtnis primär die mentalen Zeitreise in die Vergangenheit ermöglicht. Mentale Zeitreisen sind aber auch in die Zukunft möglich, d. h. wahrscheinlich kann sich jeder vorstellen, wie sein Weihnachtsfest im kommenden Jahr aussehen wird oder wie die Silvesterfeier aussehen könnte. Diese Fähigkeit ist aber auch nur mit einem funktionierenden Hippocampus möglich und zeigt deutlich, dass solche Zeitreisen die Integration vergangener Ereignisse nutzen mit dem Ziel, sich zukünftige Ereignisse vorzustellen. Schacter und Kollegen (2007) konnten zeigen, dass die Aktivierungsmuster im Gehirn für das Erinnern der Vergangenheit und die Vorstellung der Zukunft fast dieselben Hirnareale beinhalten. Für den Alltag von hoher Relevanz ist dagegen das prospektive Gedächtnis, das auf das Erinnern von Daten, Terminen und Ereignissen in der Zukunft spezialisiert ist. Sich an einen Zahnarzttermin, den Einkauf oder einen Geburtstag zu erinnern sind Funktionsbereiche des prospektiven Gedächtnisses.

3.2.2 Gedächtnisdiagnostik

Die Kurzzeitgedächtnisspannen können mit der Zahlenspanne oder Blockspanne (oder Corsi-Blockspanne) erfasst werden. Die Abfrage in umgekehrter Reihenfolge erfasst die Arbeitsgedächtnisspanne. Zur weiteren Diagnostik der Gedächtnisfunktionen stehen verschiedene Testbatterien und einzelne Tests zur Verfügung. Die bekannteste Testbatterie ist die Wechsler Memory Scale. Sehr alltagsnah ist der Rivermead Behavioural Memory Test. Dieser Test, der im besseren Funktionsbereich nicht sehr gut differenziert, enthält vier Parallelversionen und beinhaltet zusätzlich zwei Subtests, die das sogenannte prospektive Gedächtnis testen. Für das figurale Gedächtnis steht die Rey-Osterrieth Figur zur Verfügung, eine komplexe Figur, die abgezeichnet und nach einem Intervall von 30 min erinnert werden muss. Für die Erfassung des verbalen Gedächtnisses ist der Verbale Lern und Merkfähigkeitstest gedacht.

3.2.3 Gedächtnistherapie

Jeder Art von Gedächtnistherapie geht eine genaue Diagnostik voraus mit dem Ziel, sowohl die Defizite als auch die vorhandenen Funktionen, die als Ressourcen genutzt werden können, aufzuzeigen. Eine Psychoedukation über das Gedächtnis, seine Funktionen und Besonderheiten am Anfang einer Therapie ist zu empfehlen. Das bereits erwähnte Buch von Winson bietet sehr gute Materialien für die Psychoedukation. Es enthält aber auch Materialien, die den Patient*innen ermöglichen, ihre Stärken und Schwächen in den jeweiligen Gedächtnissystemen aufzuzeigen und die von den Betroffenen immer wieder konsultiert werden können. Grundsätzlich lassen sich Gedächtnisstrategien, d. h. die Therapieansätze, die mit den Patient*innen erarbeitet werden, in externe und interne Strategien einteilen. Diese werden im Folgenden kurz vorgestellt. Die Verwendung jeder dieser Strategien steht allerdings in einem umgekehrt U-förmigen Zusammenhang mit der Stärke der Probleme. Erst ab einer bestimmten Stärke der Gedächtnisprobleme werden die Strategien verwendet. Sind die Gedächtnisstörungen zu stark, nimmt der Gebrauch der Strategien wieder ab. Natürlich sind auch die individuellen Zielsetzungen und die Alltagsanforderungen entscheidend dafür, welche Strategien geübt werden sollten und welche nicht. In dem Arbeitsbuch von Winson et al. sind dazu auch sehr gute Materialien für die Psychoedukation in Bezug auf das Gedächtnis und in Bezug auf die Selbsteinschätzung und Problemanalyse zu finden.

3.2.3.1 Interne Strategien

Interne Strategien sind solche, die nach einer gewissen Übungszeit von dem/ der Patient*in selbstständig im Alltag angewandt werden. Es gibt sehr viele dieser Ansätze, die aber auch eine Bewusstheit über die adäquate Anwendung in der entsprechenden Situation voraussetzen. So können neue Informationen durch Integration in bestehende Gedächtnisinhalte über das Herstellen von Assoziationen besser gelernt werden. Chunking dagegen unterteilt große Informationseinheiten wie z. B. lange Telefonnummern oder Kontonummern in kleine, besser erinnerbare Einheiten. Ähnliches kann über die Verwendung von Stichworten erreicht werden, indem Oberbegriffe für Information generiert und dann genutzt werden. Das „visuelle Imagery" nutzt die Erstellung eines visuellen Bildes mit dem Ziel, die zu erinnernden Inhalte besser abzuspeichern. Eine sehr gut evaluierte Methode zum besseren Erinnern von verbalen Information stellt die PQRST Methode dar (siehe Box).

PQRST-Methode

P = Vorschau(Preview): Die Patient*innen überfliegen den Text, um sich ein Bild davon zu machen, worum es generell geht.

Q = Frage (Question): Der/die Patient*in denkt darüber nach, welche Fragen beantwortet werden, wenn er/sie die Information liest (wer/was/ wo/wann/warum/wie?).

R = Lesen (Read): Der/die Patient*in liest den Text, um zu verstehen, worum es geht.

S = Zusammenfassen (Summary): Nach dem Lesen fasst der/die Patient*in die wichtigsten Informationen des Textes in seinen eigenen Worten zusammen.

T = Test: Schließlich überprüft der/die Patient*in, ob alle Fragen beantwortet wurden, die ursprünglich beantwortet werden sollten.

3.2.3.2 Externe Strategien

Externe Strategien beinhalten alle Hilfsmittel, wie Smartphones oder andere elektronische Hilfen, sowie natürlich Notizblöcke oder Tagebücher. Natürlich stellen die modernen Smartphones eine sehr gute Möglichkeit dar, große Mengen an Informationen zu speichern. Entscheidend ist aber, ob der/die Patient*in dazu in der Lage ist, das Smartphone zu nutzen und gespeicherte Informationen wiederzufinden. Eine Unterstützung mit Fotos ist sehr sinnvoll. Techniken wie die Sense Cam, die leider nicht mehr erhältlich sind, erlaubten die automatische Aufnahme aller Tagesereignisse. Dieser Ansatz bedeutet aber auch, dass die großen Datenmengen entsprechend sortiert und komprimiert werden müssen, was meistens nur die Angehörigen machen können. So bieten die externen Hilfen trotz immer besser werdender Technik nicht nur Vorteile. Ein anderer Aspekt, der nicht vergessen werden darf, ist die Scham der Betroffenen, diese Techniken öffentlich zu nutzen. Hierbei ist entsprechende soziale Kompetenz sehr wichtig, die natürlich auch geübt werden kann. Ein anderes Problem stellt das Vergessen der Nutzung dar. Die Nutzung der externen Hilfsmittel, egal ob Smartphone oder Notizblock muss zunächst durch wiederholtes Üben zu einer Routine werden.

Neben den externen und internen Strategien konnte Baddeley und Wilson (1994) auch zeigen, dass die Vermeidung von Fehlern, das sogenannte fehlerfreie Lernen, zu einem besseren Lernerfolg führt, da dieser Ansatz keine interferierenden, falschen Informationen zulässt.

Gedächtnis

Das Gedächtnis lässt sich in das Kurzzeit-/Arbeitsgedächtnis und das Langzeitgedächtnis unterteilen.

Das Langzeitgedächtnis unterteilt sich in das episodische und semantische sowie das implizite/prozedurale Gedächtnis.

Das prospektive Gedächtnis beschreibt die Erinnerung für zukünftige Ereignisse wie Termine o. ä.

In der Gedächtnistherapie werden interne und externe Strategien unterschieden.

3.3   Beeinträchtigungen der Exekutiven Funktionen

Exekutive Funktionen beschreiben einen Sammelbegriff für verschiedene höhere kognitive Funktionen. Was früher als „Frontalhirnsyndrom" benannt wurde, beinhaltet nach Gazzaley und D'Esposito (2007) eine Sammlung von Prozessen wie geteilte Aufmerksamkeit, Daueraufmerksamkeit, Arbeitsgedächtnis, Flexibilität des Denkens, Planen sowie die Regulation zielgerichteten Handelns. Da in den meisten Definitionen der Exekutiven Funktionen die Bereiche Motivation, Emotion und Affekt fehlen, schlägt Müller (2013) in ihrem Band zu Störungen der Exekutivfunktionen der Reihe Fortschritte in der Neuropsychologie eine Einteilung der Exekutiven Funktionen in die Bereiche: Vorausschauen/Antizipation,

Planen, Ausführen und Selbstbeobachtung/-kontrolle vor. Exekutive Funktionen sind primär neuroanatomisch mit dem Frontalcortex assoziiert.

Nach Mastermann und Cummings (1997) lässt sich der präfrontale Cortex in drei Bereiche aufteilen: den dorsolateralen präfrontalen Cortex, den medio-dorsalen präfrontalen Cortex und den orbitofrontalen Cortex. Diese sind Teile eines Schleifensystems, das jeweils im entsprechenden Bereich des präfrontalen Cortex seinen Ursprung hat und über die Basalganglien und den Thalamus wieder zurück an das entsprechende präfrontale Areal projiziert. Wichtig an diesem System ist, dass eine Unterbrechung dieser Schleifen zu einem klinischen Bild führt, das einer Läsion in dem entsprechenden präfrontalen Areal entspricht. So sind Störungen der exekutiven Funktionen auch bei nicht frontalen Läsionen zu finden und zu erklären.

Assoziierte Störungen bei Beeinträchtigungen der Exekutiven Funktionen sind die fehlende Krankheitseinsicht, Störungen des Sozialverhaltens sowie Persönlichkeitsveränderungen. Diese werden ausführlich unter Abschn. 3.4 vorgestellt.

3.3.1   Diagnostik Exekutiver Funktionen

Seit 2020 gibt es eine neue, überarbeitete S2 Leitlinie zur Diagnostik und Therapie von exekutiven Dysfunktionen, die frei im Internet verfügbar ist. Da es sich bei den exekutiven Funktionen um einen Sammelbegriff verschiedener Funktionen handelt, ist die genaue Diagnostik jeder einzelnen subsumierten Funktion extrem wichtig. DIE Exekutive Funktion gibt es nicht. Daher muss besonderer Wert auf die Erfassung der einzelnen Funktionen gelegt werden, die unter dem Sammelbegriff Exekutive Funktionen definiert werden.

Müller unterscheidet in ihrem Buch Störungen der Exekutivfunktionen aus der Reihe „Fortschritte in der Neuropsychologie" zum einen divergente und konvergente Aufgaben, die sich in Bezug auf die Strukturiertheit der Problemsituation und des Zielzustandes unterscheiden lassen. So gibt es Aufgaben mit klar definiertem Zielzustand, in denen eine Planung vorgenommen werden muss, im Gegensatz zu Kreativaufgaben, die keinen definierten Zielzustand beinhalten. Bei diesen Aufgaben ist die Problemsituation eher unklar. Im Gegensatz dazu stehen Aufgaben zum logischen Schließen und zur Konzeptbildung mit klarer Problemsituation und klarem Zielzustand sowie Schätz- oder Generierungsaufgaben mit klarer Problemsituation und unklarem Zielzustand.

Diagnostische Batterien wie die BADS (Behavioural Assessment of the Dysexecutive Syndrome) ermöglichen die Berechnung eines Summenwertes, der sich aus den Ergebnissen verschiedener Subtests zusammensetzt. Die Ableitung von Therapieansätzen aus solchen Summenwerten ist natürlich nicht möglich. Trotzdem bietet gerade diese Testbatterie eine gute Zusammenstellung verschiedener Testverfahren zur Erfassung exekutiver Funktionsstörungen. Daneben gibt es viele verschiedene Tests, die einzelne Aspekte der Exekutivfunktionen erfassen. Die gebräuchlichsten sind Zahlen und Blockspannen rückwärts, der Wisconsin Card Sorting Test sowie der Trail Making Test. Ebenso bekannt ist wahrscheinlich der Stroop Test. In der Testbatterie zur Aufmerksamkeitsprüfung sind Tests zur Reaktionsunterdrückung und zum Arbeitsgedächtnis enthalten. Dies ist ein kleiner Ausschnitt aus einer sehr großen Anzahl von Testverfahren, die je nach Fragestellung und Bedarf Verwendung finden.

Neben den neuropsychologischen Tests ist die Verhaltensbeobachtung ein wichtiger diagnostischer Ansatz zur Erfassung exekutiver Funktionsstörungen. Dazu ist die Befragung der Angehörigen ebenso wichtig. Diese können meistens wertvolle Informationen über die Probleme des/der Patient*in im Alltag geben, die in den etablierten Testverfahren gar nicht erfasst werden können.

3.3.2 Therapie Exekutiver Funktionsstörungen

Für die Therapie Exekutiver Funktionsstörungen sei an dieser Stelle wieder das Therapiemanual von Finauer et al. (2019) genannt, in dem zur Therapie der Exekutiven Funktionen Therapiemateriealien für 15 Sitzungen enthalten sind. Diese sind sehr gut strukturiert, und die Therapieeinheiten bauen aufeinander auf.

Grashoff et al. (2007) entwickelten das verhaltenstherapeutische Gruppenprogramm PLOP (Planen, Organisieren und Problemlösen) für die Therapie exekutiver Funktionsstörungen. Es bietet eine Sammlung von Aufgaben, die die Bereiche kognitive Flexibilität, Logik, Planen, soziale Kompetenz/soziale Wahrnehmung, Sprache, unscharfes Denken/Schätzen, Visuoperzeption und – konstruktion sowie Krankheitsbewältigung beinhaltet. Neben diesem Aufgabenkatalog beinhaltet PLOP auch ein PLOP Spiel, das die Materialien der Aufgabensammlung in einem spielerischen Ansatz ergänzt.

Auch das Therapiemanual von Winson und Kolleginnen (2020) enthält ein Kapitel mit sehr praktisch orientierten Ansätzen zur Therapie exekutiver Funktionsstörungen. Wie in den anderen Funktionsbereichen in diesem Therapiemanual wird Psychoedukation über das Thema sowie eine Erarbeitung der Defizite und Ressourcen inklusive der Entwicklung eines eigenen Störungsmodells vorgeschaltet.

Die weiter oben genannte Leitlinie zur Diagnostik und Therapie exekutiver Dysfunktionen beschreibt verschiedene übende Verfahren und Ansätze zur Verbesserung des Arbeitsgedächtnisses, des planerischen Denkens und des

Problemlösens. Die Wirksamkeit des Problemlösetrainings ist der Wirksamkeit der beiden anderen Ansätze aber deutlich unterlegen. Im Rahmen des Verhaltensmanagements konnte durch entsprechende Studien nur das Zielsetzungstraining (realistische Ziele definieren und diese auch erreichen) eine hohe Empfehlungsstärke bekommen. Impulskontrolltraining und Selbstwirksamkeitstraining erhielten nur eine geringere bzw. aktuell keine Empfehlung. Dagegen gab es eine Reihe von Studien, die Exekutive Funktionen im Rahmen eines kombinierten Trainings miteinschlossen. Diese Kombination erhielt in den Leitlinien eine hohe Empfehlungsstärke.

Exekutive Funktionen

Exekutive Funktionen beschreiben einen Sammelbegriff für verschiedene höhere kognitive Funktionen.

Zu den exekutiven Funktionen zählen Fähigkeiten wie geteilte Aufmerksamkeit, Daueraufmerksamkeit, Arbeitsgedächtnis, Flexibilität in den Gedanken, motorische Sequenzierung sowie Handlungsplanung und Überwachung.

Die Leitlinie zur Diagnostik und Therapie von exekutiven Dysfunktionen gibt Hinweise für die Wirksamkeit verschiedener Therapieansätze der exekutiven Dysfunktionen.

3.4 Veränderungen der Persönlichkeit und des Sozialverhaltens

Veränderungen des psychischen Befindens und der Persönlichkeit werden von Menschen mit Hirnschädigung und ihren Angehörigen gleichermaßen als belastend erlebt. Häufig werden diese Veränderungen erst nach Abschluss der stationären Rehabilitation und im häuslichen Umfeld deutlich. Die betroffenen Familien fühlen sich mit den daraus resultierenden Schwierigkeiten häufig allein gelassen, auch, weil im Rahmen der ersten Behandlungen oft zunächst die motorischen und sonstigen kognitiven Einschränkungen im Vordergrund stehen.

Thöne-Otto und Kolleginnen (2018) gehen in ihrem Band aus der Reihe der „Fortschritte der Neuropsychologie" ausführlich auf Diagnostik und Behandlung von Persönlichkeits- und Verhaltensstörungen in Zusammenhang mit erworbenen Hirnschädigungen ein. Den Autorinnen zufolge lassen sich nach einer Hirnschädigung fünf Cluster von Verhaltensauffälligkeiten unterscheiden: Verletzen sozialer Regeln, gestörtes Kommunikationsverhalten, mangelnde Empathie,

Apathie und reduzierte Impulskontrolle. Je nach Definition in den verschiedenen Originalarbeiten überschneiden sich die Cluster jedoch zum Teil auch stark. In den nachfolgenden Abschnitten soll überblicksartig auf einige der Veränderungsbereiche eingegangen werden, wobei wir diese aufgrund der erforderlichen Kürze unserer Darstellungen etwas anders und gröber in die Abschnitte „psychische Veränderungen und Veränderungen der Persönlichkeit", „Veränderungen Sozialer Kognitionen" und „verminderte Krankheitseinsicht" unterteilen.

3.4.1 Psychische Veränderungen und Veränderungen der Persönlichkeit

Für viele Menschen mit erworbenen Hirnschädigungen ändert sich das Leben von einem Tag auf den anderen und völlig unvorhergesehen. Manchmal haben sie morgens noch mit ihrer Familie gefrühstückt und Pläne für den anstehenden Tag besprochen und erleiden dann auf dem Weg zur Arbeit einen folgenschweren Unfall oder bekommen einen Schlaganfall. Je nach Grad der Beeinträchtigung sind die betroffenen Menschen anschließend vielleicht nicht mehr in der Lage, in ihrem alten Beruf zu arbeiten und sich angemessen um ihre Kinder und ihren Haushalt zu kümmern. Vielleicht sind sie, wie Frau S. aus dem obigen Fallbeispiel, schneller erschöpft, leicht ablenkbar und können sich Informationen nicht mehr gut merken. Manchmal muss der gewohnte Lebensraum verlassen werden, da ein Umzug in eine behindertengerechte Wohnung oder eine Verkleinerung des Wohnraums aufgrund finanzieller Erwägungen erfolgen muss. Sehr lange wird oft noch an der Hoffnung festgehalten, wieder so werden zu können „wie vorher", wobei das „Vorher" nicht selten auch stark idealisiert wird. Häufig kommt es in Partnerschaften und im Rahmen von Eltern-Kind-Beziehungen zu einer Rollenumkehr, welche diese Beziehungen auf eine harte Probe stellt. Anpassungsstörungen, Depressionen und Angststörungen, u. a. auch die posttraumatische Belastungsstörung, gehören zu den am häufigsten komorbid auftretenden psychischen Erkrankungen nach einer Hirnschädigung (Jorge und Arciniegas 2014). Patient*innen, die einen Schlaganfall erlitten haben, befürchten z. B. häufig, einen weiteren Schlaganfall zu erleiden und beobachten sich selbst ängstlich in Bezug auf mögliche Vorboten. In der Literatur wird ein negativer Zusammenhang zwischen dem Auftreten psychiatrischer Komorbiditäten und der Wahrscheinlichkeit, dass ein Mensch nach einer Hirnschädigung erfolgreich in die Arbeitswelt wiedereingegliedert wird, beschrieben. Dies verdeutlicht, dass es psychotherapeutischer Kompetenzen bedarf, um die

Patient*innen und ihre Angehörigen bezüglich der emotionalen Konsequenzen von Hirnschädigungen und ihrer Folgen angemessen zu unterstützen.

Bei vielen Menschen mit Schädel-Hirn-Verletzungen, insbesondere, wenn diese im Frontalhirn lokalisiert sind, wird eine veränderte Persönlichkeit beschrieben, die zum Teil den Angehörigen deutlicher als den Betroffenen selbst auffällt (Azouvi et al. 2017). Typischerweise kann man hier zwischen zwei Syndromen unterscheiden, die aber auch in Mischformen gemeinsam auftreten können. Beim sogenannten *Apathiesyndrom* fehlt es den Betroffenen vor allem am nötigen Antrieb, um Handlungen eigenständig zu initiieren. Sie sind durchaus in der Lage, Anweisungen umzusetzen, tun aber von sich aus wenig, um aktiv zu werden. In schweren Ausprägungen wird auch die Körperhygiene vernachlässigt und die Patient*innen verlassen kaum das Bett oder schauen den ganzen Tag fern. Sie sind häufig affektiv verflacht und wirken gleichgültig. Beim *Disinhibitionssyndrom* dominieren enthemmtes und impulsives Verhalten und insgesamt die Unfähigkeit, Bedürfnisbefriedigung aufzuschieben. Dazu zählen auch der Situation unangemessenes Verhalten und das Verletzen sozialer Regeln, sexuell anzügliche Verhaltensweisen sowie Aggressivität, wobei Letztere zum Teil als eigenes Verhaltenssyndrom definiert wird. Sowohl die Antriebsstörungen als auch Impulskontrollstörungen werden als Ausdruck einer gestörten exekutiven Verhaltenskontrolle – einmal im Sinne mangelnder Zielgerichtetheit und einmal als Ausdruck verminderter Inhibition – interpretiert. Zusätzlich werden Veränderungen im Belohnungssystem als neuronale Grundlage diskutiert. In der aktuellen Literatur zu beiden Syndromen wird jedoch beklagt, dass sie hinsichtlich ihrer Ätiologie sowie auch bezüglich erfolgversprechender Interventionsansätze nicht hinreichend verstanden und erforscht sind, was teilweise auch daran liegt, dass keine Einigkeit bezüglich der Definition und der Messung dieser Aspekte, teilweise in Form von Fragebögen, besteht (siehe Osborn-Crowley und McDonald 2016; Worthington und Wood 2018).

Die Behandlung von Antriebsstörungen kann sehr frustrierend sein, sowohl für die Angehörigen als auch für die Behandelnden. Manchmal erleben die Betroffenen selbst wenig bis keinen Leidensdruck und weisen somit keine genuine Therapiemotivation auf. Die Behandlung beinhaltet dann im Wesentlichen Methoden der Tagesstrukturierung und des gestuften Aktivitätsaufbaus sowie, in schweren Fällen, Stimuluskontrolle (die Umwelt so gestalten, dass die Betroffenen aktiv werden müssen). Die Angehörigen müssen umfassend bezüglich des Umgangs mit der Antriebsminderung beraten werden, um ihren eigenen Leidensdruck zu reduzieren. Bei Vorliegen eines Disinhibitionssyndroms stehen gleichermaßen verhaltenstherapeutische Methoden, u. a. Stimuluskontrolle, Time-out/Kontingenzmanagement und Selbstmanagement im Vordergrund der Behandlung (ausführliche Darstellung mit Fallbeispielen bei Thöne-Otto et al.

2018). In jedem Fall sind verhaltenstherapeutische Analysen der auslösenden Situationen und Konsequenzen für apathisches und/oder enthemmtes Verhalten unabdingbar, um die genauen Bedingungen einzugrenzen, unter denen das problematische Verhalten auftritt und die Verstärker zu identifizieren, die es aufrecht erhalten, und so angemessene therapeutische Ansatzpunkte zu finden.

In einigen Fällen kann ein ungünstiges Sozialverhalten auch der Tatsache geschuldet sein, dass die Patient*innen soziokognitive Einschränkungen aufweisen und Schwierigkeiten haben, das Verhalten ihrer Mitmenschen einzuordnen. Auf diese soll im nachfolgenden Abschnitt eingegangen werden.

3.4.2 Veränderungen Sozialer Kognitionen

Patient*innen mit Hirnschädigungen haben häufig Probleme, die Emotionen anderer Personen zu erkennen, sich in die Gedanken und Gefühle anderer hineinzuversetzen (Theory of Mind/Empathie) und sich in sozialen Situationen angemessen zu verhalten (Soziales Problemlösen). Diese Fähigkeiten werden unter den Oberbegriffen „Soziale Kognitionen" und „Soziale Kompetenzen" geführt (Adolphs 2001) und nachfolgend von uns als soziokognitive Fähigkeiten zusammengefasst. Probleme in diesen Bereichen führen ebenso wie kognitive Defizite zu Berufsunfähigkeit und psychosozialer Belastung infolge (vgl. McDonald 2013; Cassel et al. 2019; May et al. 2017).

Einschränkungen in den Bereichen Emotionserkennung und Theory of Mind/ Empathie wurden beispielsweise nach SHT (vgl. Bornhofen und McDonald 2008) und infolge von Hirntumorerkrankungen (Pertz et al. 2019) beobachtet. Zusätzlich ist das angemessene Verhalten in sozialen Situationen nach traumatischen Hirnschädigungen häufig eingeschränkt (Hanten et al. 2011). Das daraus resultierende und auch vom sozialen Umfeld deutlich wahrgenommene sozial unangemessene Verhalten (May et al. 2017) führt nicht selten zu Rückzug und Isolation von Personen mit Hirnschädigung (Goverover et al. 2017). Belegt ist ebenso, dass soziokognitive besser als kognitive Defizite die funktionelle Erholung nach SHT vorhersagen (McDonald 2013), stark mit familiärer Belastung zusammenhängen (Bivona et al. 2015) und die berufliche Wiedereingliederung erschweren (Meulenbroek und Turkstra 2016). Dennoch bleiben diese Einschränkungen diagnostisch und therapeutisch häufig unberücksichtigt. Eine Umfrage unter 443 klinisch tätigen Personen ergab, dass 84 % von ihnen bei mehr als der Hälfte ihrer Patient*innen mit traumatischer Hirnschädigung deutliche soziokognitive Beeinträchtigungen beobachten. Gleichzeitig berichteten 78 % der Befragten, dass sie diese Bereiche nie oder selten formal untersuchen, was teils mit dem

Fehlen geeigneter standardisierter und normierter Messinstrumente begründet wurde (Kelly et al. 2017). Darüber hinaus existieren kaum auf die Belange von Menschen mit SHT zugeschnittene Therapieansätze für Einschränkungen in diesem Bereich. Die wenigen bestehenden Programme behandeln selektiv eher basale Aspekte, meist computergestützt. In vier Studien wurde z. B. nach einem Training des Erkennens von Emotionen in Gesichtern von verbesserten Leistungen berichtet (Bornhofen und McDonald 2008; Guercio et al. 2004; Radice-Neumann et al. 2009; Neumann et al. 2015). Daneben gibt es vereinzelt Hinweise auf Verbesserungen der kognitiven Perspektivübernahme nach SHT im Rahmen einer Behandlung sozialer Kommunikationsfertigkeiten (Gabbatore et al. 2015; Winegardner et al. 2016). Soziale Kompetenzen auf Verhaltensebene wurden bei Menschen mit SHT in mehreren Therapiestudien behandelt, mit ebenfalls eher mäßigem Erfolg (z. B. Dahlberg et al. 2007; McDonald et al. 2008). Bislang existiert nur eine Studie, in der alle drei oben genannten Hauptaspekte Sozialer Kognitionen und Kompetenzen behandelt wurden (Westerhoff-Evers et al. 2017). Insgesamt 61 Personen mit SHT absolvierten nach randomisierter Zuteilung entweder einmal pro Woche eine 16 bis 20 Sitzungen umfassende Einzeltherapie soziokognitiver Defizite oder ein computergestütztes Programm („Cogniplus") zur Behandlung kognitiver Funktionsstörungen. Emotionserkennung wurde computergestützt behandelt und umfasste Übungen zur korrekten Identifikation sowie zum eigenen Erleben von Emotionen. Im Modul Perspektivübernahme und Theory of Mind wurde mittels Psychoedukation und verhaltenstherapeutischer Interventionen dazu angeleitet, eigene und fremde Perspektiven zu unterscheiden (z. B. durch Befragung von Angehörigen) und diese für fiktive und persönlich erlebte Situationen einzunehmen. Im Modul Sozialverhalten wurden basale soziale Kompetenzen (z. B. Zuhören) sowie Emotionsregulationsstrategien (z. B. Steuerung von Wut) geübt, u. a. durch Rollenspiele. Die Therapie bewirkte eine Verbesserung von Emotionserkennung und Perspektivübernahme sowie der Einschätzung von Empathie und Lebensqualität durch Angehörige. Insgesamt bedarf es der Entwicklung weiterer therapeutischer Ansätze für diesen Bereich.

3.4.3 Störung der Krankheitseinsicht

Manche Patient*innen mit erworbenen Hirnschädigungen weisen eine sogenannte *Anosognosie* auf. Dabei handelt es sich um eine verminderte Einsicht in die kognitiven und emotionalen Beeinträchtigungen, die nach einer Hirnschädigung auftreten. In leichteren Fällen wissen die Patient*innen um ihre Beeinträchtigungen, unterschätzen jedoch möglicherweise deren Ausmaß und überschätzen so z. B. ihre Leistungsfähigkeit. In schweren Fällen sind die Betroffenen felsenfest davon überzeugt, dass ihnen nichts fehlt und wollen beispielsweise wieder Auto fahren, obwohl sie einen schweren Neglect, also eine Vernachlässigung der meist linken Raum- und Körperhälfte aufweisen. Es ist naheliegend, dass die Patient*innen in solchen Fällen in der Regel auch keine wirkliche Therapiemotivation aufweisen (aus ihrer Sicht ist ja alles in bester Ordnung!) und die erste Herausforderung darin besteht, den Patient*innen ihre Defizite erst einmal bewusst zu machen. Dies kann z. B. durch systematisches Feedback über beeinträchtigte Leistungen im Rahmen der Diagnostik oder durch Videoaufzeichnungen ihres Verhaltens oder ihrer Leistungen erfolgen. Hilfreich sind hier auch vorab erfragte Voraussagen über die eigenen Leistungen durch die Betroffenen und anschließende einfühlsame Konfrontation mit den tatsächlich erbrachten Leistungen.

In einem gewissen Ausmaß spielen in Zusammenhang mit der Anosognosie sicherlich auch Mechanismen der Verdrängung, d. h. vor allem eine Vermeidung der Auseinandersetzung mit den unangenehmen und bedrückenden Krankheitsfolgen, eine Rolle. Zusätzlich trägt dazu eine infolge der Hirnschädigung verminderte Fähigkeit des Gehirns bei, sich „selbst auf den neuesten Stand zu bringen". Dies ist als Ausdruck gestörter Mechanismen des exekutiv gesteuerten Arbeitsgedächtnisses und des Vermögens, sich und die Umwelt auf Veränderungen zu scannen, zu verstehen. Außerdem können Gedächtnisdefizite es den Patient*innen erschweren, neue Erfahrungen mit ihrer aktuellen Belastbarkeit und kognitiven Leistungsfähigkeit in ihr „Modell über sich selbst" zu integrieren. Vor diesem Hintergrund spielen sowohl die Frontallappen als auch die Hippocampi eine zentrale Rolle in einem neuronalen Netzwerk, das es uns ermöglicht, unser Selbst und seine Subidentitäten (z. B. eine berufliche Identität, persönliche Subidentitäten als Ehefrau, Mutter, Freundin etc.) zu repräsentieren und neue Erfahrungen im Laufe des Lebens in die verschiedenen Selbstmodelle zu integrieren (Damasio 2005). Nach Schädigungen in diesen neuronalen Netzwerkknoten treten dementsprechend Beeinträchtigungen der Störungswahrnehmung gehäuft auf. Gracey et al. beschreiben in einem Kapitel des allgemein lesenswerten Therapiemanuals zur „Rehabilitation nach Hirnschädigung" von Winson und Kolleginnen (2019) Modelle, die uns helfen, verschiedene Phänomene, die nach einer Hirnschädigung auftreten, u. a. Depressionen aber auch die Anosognosie als verständlichen Ausdruck eines Selbstsystems zu begreifen, das unter einer Bedrohung seiner vielfältigen Selbstidentitäten leidet. Konkret bedeutet dies, dass die verschiedenen Identitäten, die Patient*innen als integralen Bestandteil ihres Selbst betrachten, ins Wanken geraten, wenn die betroffenen Personen nach einer Hirnschädigung ihren Beruf nicht mehr ausüben oder sich im Familiengefüge nicht mehr in der Lage sehen, ihre angestammten Rollen zu übernehmen. Es kann sich also lohnen, mit dem Ziel einer Verbesserung der Störungswahrnehmung, zunächst einige Zeit damit zu verbringen, die betroffene Person im Kontext ihrer Lebensgeschichte und vor dem Hintergrund der veränderten Situation nach ihrer Hirnschädigung kennenzulernen, bevor man sich der Frage widmet, welche realistischen und dennoch individuell sinnstiftenden Ziele für die Zukunft mit den Patient*innen gemeinsam erarbeitet werden können.

Anosognosie

Bei der Anosognosie handelt es sich um eine verminderte oder fehlende Krankheitseinsicht, die infolge einer Hirnschädigung (insbesondere in frontalen Bereichen) auftreten kann.

Zusammenfassung

Nach erworbenen Hirnschädigungen treten folgende psychische Begleiterscheinungen auf:

- psychische Erkrankungen wie Anpassungsstörungen, Depressionen und Angsterkrankungen
- Veränderungen der Persönlichkeit, zu denen eine Apathie oder enthemmtes Verhalten gehören kann
- Einschränkungen Sozialer Kognitionen, z. B. eine verminderte Fähigkeit, Emotionen zu erkennen, sich in die Gedanken und Gefühle anderer hineinzuversetzen (Theory of Mind/Empathie) und sich in schwierigen sozialen Situationen angemessen zu verhalten (Soziales Problemlösen)
- ein vermindertes Störungsbewusstsein

3.5 Verminderte Belastbarkeit

Bis zu zwei Drittel aller Patient*innen mit erworbenen Hirnschädigungen unterschiedlicher Ätiologien klagen über eine verminderte Belastbarkeit. Dieses Phänomen ist auch unter dem Namen *Fatigue* bekannt. Darunter versteht man eine erhöhte Ermüdbarkeit, die sich ungewöhnlich schnell aufbaut und subjektiv nicht in einem direkten Verhältnis zu den zuvor bewältigten Aufgaben steht. Auch nach einer Ruhephase oder sogar Schlaf im Tagesverlauf lässt sich die Energie oft nicht mehr vollständig regenerieren. Manche Patient*innen fühlen sich bereits eine Stunde nach dem Aufstehen wieder dermaßen erschöpft, dass sie am liebsten wieder ins Bett zurückkehren würden. Das Syndrom umfasst mehrere Komponenten, u. a. eine körperliche, mentale und eine emotionale Komponente. Mit der schnelleren Ermüdung nach körperlichen Anstrengungen können die meisten Patient*innen recht gut umgehen und begreifen sie als eine natürliche Folge ihrer Erkrankung. Schwerer fällt es ihnen, die emotionale und mentale Fatigue zu akzeptieren. Emotionale Fatigue äußert sich in erhöhter Reizbarkeit oder apathischen Reaktionen bei emotionaler Belastung. Mentale Fatigue tritt z. B. auf, wenn Patient*innen sich mental anstrengen und äußert sich in Form von Konzentrationsstörungen, Gedankenabreißen und Problemen, sich Dinge zu merken. Die Ursachen von Fatigue sind nicht umfassend geklärt (siehe Penner und Paul 2017 für eine Übersicht des aktuellen Forschungsstandes) und die Fatigue kann sowohl als primäres, eigenständiges Syndrom als auch als sekundäre Folge der Begleiterscheinungen neurologischer Erkrankungen auftreten. Vielfach tragen z. B. sekundär die Belastungen, die mit der Grunderkrankung zusammenhängen (z. B. eine verminderte Schlafqualität, Schmerzen, Medikation), sowie eine Verlangsamung der mentalen Verarbeitungsgeschwindigkeit und ein vermindertes Vermögen, irrelevante Reize auszublenden, dazu bei, dass für die Patient*innen alltägliche Handlungen mit übermäßiger Anstrengung verbunden sind. Wenn Sie sich vorstellen, wie schwer es Ihnen fällt, sich z. B. zu konzentrieren, wenn sie infolge eines grippalen Infektes angeschlagen sind, oder wie geräuschempfindlich sie plötzlich nach einer durchzechten Nacht und den entsprechenden daraus resultierenden Kopfschmerzen werden, können Sie sich ungefähr ausmalen, wie es neurologischen Patient*innen gehen kann, die mit den vielfältigen Folgen ihrer Erkrankung täglich leben und den Alltag bewältigen müssen.

In der Therapie (vgl. Malley 2019 für eine umfassendere Abhandlung des therapeutischen Vorgehens) müssen die Patient*innen zunächst lernen, individuelle Frühwarnzeichen für Überanstrengung zuverlässig zu erkennen, wirksame Gegenregulationsstrategien zu entwickeln und vor allem frühzeitig Pausen einzulegen. Zunächst sind die Betroffenen in der Therapie häufig entsetzt, wenn ihnen der/die Therapeut*in rät, mehr Pausen einzulegen, da sie schließlich ohnehin das Gefühl haben, viel weniger zu schaffen als vor der Erkrankung und befürchten, angesichts von vermehrten Pausen noch weniger leistungsfähig zu sein. Vielen fällt es enorm schwer, die verminderte Belastbarkeit zu akzeptieren und sie überfordern sich daher massiv, indem sie versuchen, dagegen anzukämpfen, was das Problem noch verschlimmert. Das zweite Problem besteht häufig darin, dass die Patient*innen sich gar nicht trauen, die Pausen in Anspruch zu nehmen. Meistens leiden die Betroffenen darunter, dass z. B. Kolleg*innen oder Familienmitglieder die verminderte Belastbarkeit nicht nachvollziehen können, insbesondere in den Fällen, in denen die Patient*innen motorisch und/oder sprachlich, also im „sichtbaren" Bereich, keine Beeinträchtigungen aufweisen. Schnell wird den Patient*innen dann explizit oder implizit unterstellt, dass sie sich nur vor Arbeit oder Verantwortung drücken wollen.

Häufige Frühwarnzeichen für aufkommende Überlastung sind Kopfschmerzen, Schwindel, Doppelbilder und Konzentrationsstörungen. In der Therapie müssen diese zunächst herausgearbeitet werden, z. B. anhand von gezielter Verhaltensbeobachtung, sowohl in den Therapiesitzungen als auch im Alltag. Häufig fällt Angehörigen früher als der/dem Betroffenen auf, dass diese überfordert sind. Zum Beispiel bemerken Angehörige, dass die Person „geistesabwesend" wirkt oder einen „glasigen Blick" bekommt. Im Bestfall können Angehörige oder Kolleg*innen mit ins Boot geholt werden, wenn es darum geht, die Patient*innen darin zu unterstützen, auf Anzeichen der Überforderung zu achten und vorab festgelegte Pausen einzulegen. Typischerweise machen die Patient*innen ganz von allein die Erfahrung, dass sie, wenn sie die Frühwarnzeichen ignorieren, irgendwann an den Punkt kommen, an dem sie nicht mehr handlungsfähig sind und von allein nicht mehr gegenregulieren können. Einige beschreiben, dass sie dann in einen Zustand geraten, in dem sie wie „weggetreten sind", sich alles anfühlt „wie durch Watte". Es rächt sich dann bitterlich, dass die Patient*innen vorher versucht haben, über ihre Grenzen zu gehen, und typischerweise brauchen sie manchmal viele Stunden bis Tage, um sich von der Überanstrengung zu erholen. Wenn die Patient*innen dazu in der Lage sind, ihre Frühwarnzeichen für Überlastung zuverlässig zu erkennen, geht es darum, herauszufinden, wie sich der oder die Betroffene am besten erholen kann. Auch ist es wichtig, vorab in der Tagesplanung darauf zu achten, dass Situationen der Überforderung möglichst selten auftreten. Dazu ist es erforderlich, frühzeitig Pausen einzulegen und zwar dergestalt, dass die auch tatsächlich der eigenen Erholung förderlich sind. Dies muss nicht beinhalten, sich schlafen zu legen (was in der Regel auch unrealistisch ist), sondern kann auch spazieren gehen, Tee trinken oder ähnliche Aktivitäten umfassen, welche die Betroffenen dazu nutzen, um Abstand von der sie gerade beanspruchenden Tätigkeit oder der anstrengenden Umgebung zu gewinnen. Es kann hilfreich sein, auf Abwechslung in der Beanspruchung unterschiedlicher Energiereserven zu achten. So kann es sich als günstig erweisen, auf Phasen der mentalen Beanspruchung (z. B. ein Protokoll schreiben), körperlich aktivere Phasen (z. B. die Ablage sortieren, die

Post holen) folgen zu lassen. Dies ist jedoch individuell verschieden, ebenso wie die Häufigkeit und Dauer der erforderlichen Pausen und sollte vorab z. B. anhand eines Protokolls von Aktivitäten im Tages-/oder Wochenverlauf und der daraus resultierenden Erschöpfung genauer beobachtet und mit den Patient*innen analysiert werden. Außerdem ist es wichtig, Aktivitäten im Einklang mit der eigenen Energiekurve zu planen. Manche Menschen sind von Natur aus besonders fit am Morgen, andere laufen erst ab mittags zur Höchstform auf, wiederum andere kommen erst am späten Nachmittag in Gang. Letztlich gilt es auch häufig zu akzeptieren, dass die Belastbarkeit sich zwar möglicherweise im Laufe der Zeit wieder steigern wird, aber nie mehr das zuvor gewohnte Leistungsniveau erreicht werden wird. In diesem Fall sind erneut psychotherapeutische Kompetenzen erforderlich, um die Patient*innen durch die mit dieser Erkenntnis ggf. verbundene Traurigkeit und Frustration zu begleiten.

Während die Evidenz für den Erfolg pharmakologischer Ansätze bislang beschränkt ist, helfen zusätzlich zu den beschriebenen Strategien des Umgangs mit den begrenzten Energieressourcen auch therapeutische Ansätze, die darauf abzielen, die Krankheitsfolgen zu lindern, welche sekundär zu Fatigue führen, z. B. kognitive Therapie verminderter Aufmerksamkeits- oder Gedächtnisleistungen, Yoga und Achtsamkeitsübungen sowie sportliche Betätigung (Penner und Paul 2017).

Fatigue

Definition: Zustand erhöhter Ermüdbarkeit auf körperlicher, mentaler und emotionaler Ebene

Therapeutisches Vorgehen
- Identifikation von Frühwarnzeichen für Überlastung (z. B. Kopfschmerzen, Doppelbilder, Konzentrationsprobleme)
- Planung von individuell gestalteten erholsamen Pausen (Häufigkeit, Dauer, Art der Pausengestaltung) anhand der Frühwarnzeichen
- Prioritäten setzen bei der Tages- und Wochenplanung unter Beachtung individueller Energiekurven
- Arbeit an der Akzeptanz der verminderten Belastbarkeit

Ausblick und Fazit bezüglich notwendiger Weiterentwicklungen

4

Bis zu 550.000 Menschen sind in Deutschland pro Jahr von einer Hirnschädigung betroffen (Kasten et al. 1997). Davon entfallen ca. 270.000 Fälle auf SHTs (Rickels et al. 2006). Viele Betroffene leiden nicht nur an motorischen sondern auch an kognitiven Einschränkungen, v. a. in den Bereichen Gedächtnis und Aufmerksamkeit (Kasten et al. 1997), welche die Bewältigung des Alltages deutlich behindern. Zusätzlich leiden 30–50 % aller Personen mit erworbenen Hirnschädigungen an psychischen Erkrankungen, darunter v. a. an Depressionen und Angsterkrankungen (Jorge und Arciniegas 2014). Daneben zählen Veränderungen im psychosozialen Bereich, wie Antriebslosigkeit, gesteigerte Aggressivität sowie sozial unangepasstes Verhalten zu den häufigsten Faktoren, die zu anhaltender Arbeitsunfähigkeit, zum Beispiel nach SHTs, beitragen (vgl. Kreutzer et al. 2010).

Ein Zehntel der Personen mit erworbenen Hirnschädigungen bedarf ambulanter neuropsychologischer Versorgung nach der Akutversorgung oder stationären Rehabilitationsbehandlung (Mühlig et al. 2009). In der Praxis haben Betroffene jedoch große Schwierigkeiten, einen ambulanten Therapieplatz zu finden und müssen sich auf monatelange Wartezeiten einstellen. Derzeit sind bundesweit nur ca. 200 ambulant tätige Psychologische Psychotherapeutinnen und Psychotherapeuten mit neuropsychologischer Zusatzqualifikation verzeichnet, was einer Versorgungsdichte von 1:360.000 entspricht, die den tatsächlichen Bedarf um das Vierfache unterschreitet. So entstehen große Lücken zwischen Akutversorgung und ambulanter Behandlung, gerade in ländlichen Gebieten, in denen sich das Problem der Unterversorgung noch stärker manifestiert. Auch sind viele Personen nach einer Hirnschädigung durch motorische und kognitive Defizite in ihrer Mobilität eingeschränkt (Schultheis und Whipple 2014), z. B. weil sie aufgrund ihrer Einschränkungen kein Kraftfahrzeug führen dürfen, aber zum Teil selbst für die Nutzung öffentlicher

© Springer Fachmedien Wiesbaden GmbH, ein Teil von Springer Nature 2020
P. Thoma und B. Suchan, *Klinische Neuropsychologie im ambulanten Setting,*
essentials, https://doi.org/10.1007/978-3-658-29885-2_4

Verkehrsmittel (z. B. aufgrund von Gleichgewichtsproblemen) zu beeinträchtigt sind. Dies kann zusätzlich dazu führen, dass sie neuropsychologische Therapien, die wiederum wichtig wären, um Fahrtüchtigkeit und Arbeitsfähigkeit wieder herzustellen, nicht in Anspruch nehmen. Selbst teletherapeutische Ansätze, wie video- oder internetgestützte Therapie, die zunehmend und durchaus erfolgreich Einzug in die neuropsychologische Rehabilitation halten (siehe Ownsworth et al. 2018) und den in ihrer Mobilität eingeschränkten Patient*innen den Zugang zur Therapie prinzipiell erleichtern können, ändern nichts an dem Problem der therapeutischen Unterversorgung. Natürlich müssen nämlich auch die tele-rehabilitativen Ansätze therapeutisch begleitet werden und ersetzen somit keine Therapeut*innen. Der Unterversorgung kann langfristig nur wirksam begegnet werden, wenn der Nachwuchs dazu motiviert werden kann, sich neuropsychologisch zu qualifizieren, was möglicherweise ein Umdenken bezüglich der aktuell sehr langen Ausbildungswege erfordert.

Momentan stehen wir vor einem großen Umbruch bezüglich der Aus- und Weiterbildung neuropsychologisch qualifizierter Behandler*innen. Aktuell gibt es in Deutschland noch im Wesentlichen zwei Wege, sich neuropsychologisch zu qualifizieren, die Psycholog*innen offen stehen: Zum einen besteht die Möglichkeit, nach Erwerb der Approbation im Rahmen einer Ausbildung zur Psychologischen Psychotherapeutin/zum Psychologischen Psychotherapeuten eine zweijährige Weiterbildung im Bereich der Klinischen Neuropsychologie nach den jeweils geltenden Weiterbildungsordnungen der Landespsychotherapeutenkammern anzuschließen. Die Gesellschaft für Neuropsychologie (GNP) bietet die Möglichkeit, im Rahmen einer drei (unmittelbar nach Abschluss des Studiums der Psychologie) oder zwei (im Anschluss an die nach dem Studium erworbene Approbation) Jahre dauernden Weiterbildung ein Zertifikat zur Klinischen Neuropsychologin/zum Klinischen Neuropsychologen zu erwerben, die jedoch nicht zur sozialrechtlichen Anerkennung führt.

Da jedoch gerade eine grundlegende Reform der Ausbildung von Psychotherapeut*innen beschlossen wurde, welche u. a. den Erwerb der Approbation direkt mit dem Studienabschluss und eine anschließende fünfjährige Fachweiterbildung vorsieht, steht sich auch die Weiterbildung im Bereich der Klinischen Neuropsychologie in einem entscheidenden Umbruch. Aktuell ist noch nicht absehbar, ob sich daraus eine eigenständige Gebietsweiterbildung oder eine Integration neuropsychologischer Inhalte in die bestehenden Fachweiterbildungen ergibt.

Weiterhin beklagen ambulant tätige Behandler*innen, dass ihnen wenig Zeit bleibt, eine Kooperation mit anderen Behandler*innen ihrer Patient*innen umzusetzen, da es sich im Wesentlichen um unvergütete Arbeitszeit handelt, was eine Anpassung der Vergütungsbedingungen erfordert.

Zusammenfassend bieten die aktuellen berufspolitischen Entwicklungen, gerade auch im Hinblick auf die Reform der Aus- und Weiterbildung zahlreiche Möglichkeiten der Weiterentwicklung.

Was Sie aus diesem *essential* mitnehmen können

- Neuropsychologische Diagnostik und Therapie berücksichtigt nicht nur die kognitiven, sondern auch die sozioemotionalen Veränderungen nach einer Hirnschädigung.
- Neuropsycholog*innen weisen umfangreiches Wissen über das Gehirn und seine Funktionen auf und müssen in hohem Maße interdisziplinär arbeiten.
- Die Aus- und Weiterbildung von Neuropsycholog*innen steht momentan vor einem Umbruch.

© Springer Fachmedien Wiesbaden GmbH, ein Teil von Springer Nature 2020   37
P. Thoma und B. Suchan, *Klinische Neuropsychologie im ambulanten Setting*,
essentials, https://doi.org/10.1007/978-3-658-29885-2

Literatur

Adolphs, R. (2001). The neurobiology of social cognition. *Current Opinion in Neurobiology, 11,* 231–239.

Azouvi, P., Arnould, A., Dromer, E., & Vallat-Azouvi, C. (2017). Neuropsychology of traumatic brain injury: An expert overview. *Revue Neurologique (Paris), 173* (7–8), 461–472.

Baddeley, A., & Wilson, B. A. (1994). When implicit learning fails: Amnesia and the problem of error elimination. *Neuropsychologia, 32*(1), 53–68.

Bivona, U., Formisano, R., De Laurentiis, S., Accetta, N., Di Cosimo, M. R., Massicci, R., et al. (2015). Theory of mind impairment after severe traumatic brain injury and its relationship with caregivers' quality of life. *Restorative Neurology and Neuroscience, 33,* 335–345.

Bornhofen, C., & McDonald, S. (2008). Emotion perception deficits following traumatic brain injury: A review of the evidence and rationale for intervention. *Journal of the International Neuropsychological Society, 14,* 511–525.

Cassel, A., McDonald, S., Kelly, M., & Togher, L. (2019). Learning from the minds of others: A review of social cognition treatments and their relevance to traumatic brain injury. *Neuropsychological Rehabilitation, 29*(1), 22–55.

Cicerone, K. D., Dahlberg, C., Kalmar, K., Langenbahn, D. M., Malec, J. F., Bergquist, T., et al. (2000). Evidence-based cognitive rehabilitation: Recommendations for clinical practice. *Arch. Phys. Med. Rehabil., 81*(12), 1596–1615.

Corkin, S. (2013). *Permanent present tense: The unforgettable life of the amnesic patient, H.M.* New York: Basic Books.

Dahlberg, C. A., Cusick, C. P., Hawley, L. A., Newman, J. K., Morey, C. E., Harrison-Felix, C. L., et al. (2007). Treatment efficacy of social communication skills training after traumatic brain injury: a randomized treatment and deferred treatment controlled trial. *Archives of Physical Medicine and Rehabilitation, 88,* 1561–1573.

Damasio, A. (2005). *Descartes' error: Emotion, reason, and the human brain.* New York: Penguin.

Draganski, B., Gaser, C., Busch, V., Schuierer, G., Bogdahn, U., & May, A. (2004). Neuroplasticity: Changes in grey matter induced by training. *Nature, 427*(6972), 311–312.

Finauer, G., Genal, B., Keller, I., Kühne, W., & Kulke, H. (2019). *Therapiemanuale für die neuropsychologische Rehabilitation: Kognitive und kompetenzorientierte Therapie für die Gruppen- und Einzelbehandlung.* Berlin: Springer.

© Springer Fachmedien Wiesbaden GmbH, ein Teil von Springer Nature 2020
P. Thoma und B. Suchan, *Klinische Neuropsychologie im ambulanten Setting,*
essentials, https://doi.org/10.1007/978-3-658-29885-2

Gabbatore, I., Sacco, K., Angeleri, R., Zettin, M., Bara, B. G., & Bosco, F. M. (2015). Cognitive pragmatic treatment: A rehabilitative program for traumatic brain injury individuals. *Journal of Head Trauma Rehabilitation, 30,* E14–E28.

Gazzaley, A., & D'Esposito, M. (2007). Top-down modulation and normal aging. *Annals of the New York Academy,* 1097:67–83.

Goverover, Y., Genova, H., Smith, A., Chiaravalloti, N., & Lengenfelder, J. (2017). Changes in activity participation following traumatic brain injury. *Neuropsychological Rehabilitation, 27,* 472–485.

Guercio, J. M., Podolska-Schroeder, H., & Rehfeldt, R. A. (2004). Using stimulus equivalence technology to teach emotion recognition to adults with acquired brain injury. *Brain Injury, 18,* 593–601.

Gracey, F., Prince, L., & Winson, R. (2019). Umgang mit einer veränderten Selbstidentität nach Hirnschädigung. In R. Winson, A. Wilson & A. Bateman (2020) (Hrsg.), *Rehabilitation nach Hirnschädigung – Ein Therapiemanual.* Göttingen: Hogrefe.

Graßhoff, U., Mandrella, W., Unger, C., & Warzecha, K. (2007). „PLOP" – Ein verhaltenstherapeutisches Gruppentherapieprogramm für Patienten mit Störungen der exekutiven Funktionen und Auffälligkeiten. In H.-P. Steingass (Hrsg.), *Geht doch! – Remscheider Gespräche* (Bd. III). Geestacht: Neuland.

Hanten, G., Cook, L., Orsten, K., Chapman, S. B., Li, X., Wilde, E. A., et al. (2011). Effects of traumatic brain injury on a virtual reality social problem solving task and relations to cortical thickness in adolescence. *Neuropsychologia, 49,* 486–497.

Jäncke, L. (2005). Methoden der Bildgebung in der Psychologie und den kognitiven Neurowissenschaften. *Kohlhammer Standards Psychologie.*

Jorge, R. E., & Arciniegas, D. B. (2014). Mood disorders after TBI. *Psychiatric Clinics of North America, 37,* 13–29.

Kasten, E., Eder, R., Robra, B.-P., & Sabel, B. A. (1997). Der Bedarf an ambulanter neuropsychologischer Behandlung. *ZeitschrNeuropsy, 8,* 72–85.

Kelly, M., McDonald, S., & Frith, M. H. J. (2017). A survey of clinicians working in brain injury rehabilitation: Are social cognition impairments on the radar? *Journal of Head Trauma Rehabilitation, 32,* E55–E65.

Kreutzer, J. S., Demm, S. R., & Taylor, L. A. (2010). *Beschäftigung und berufliche Rehabilitation nach Schädel-Hirn-Trauma.* Berlin: Springer.

Malley, D. (2019). Fatigue. In R. Winson, A. Wilson & A. Bateman (2019) (Hrsg.), *Rehabilitation nach Hirnschädigung – Ein Therapiemanual.* Göttingen: Hogrefe.

Masterman, D. L., & Cummings, J. L. (1997). Frontal-subcortical circuits: The anatomic basis of executive, social and motivated behaviors. *Journal of Psychopharmacology, 11*(2), 107–114.

May, M., Milders, M., Downey, B., Whyte, M., Higgins, V., Wojcik, Z., et al. (2017). Social behavior and impairments in social cognition following traumatic brain injury. *Journal of the International Neuropsychological Society, 23,* 400–411.

Meulenbroek, P., & Turkstra, L. S. (2016). Job stability in skilled work and communication ability after moderate-severe traumatic brain injury. *Disability and Rehabilitation, 38,* 452–461.

McDonald, S. (2013). Impairments in social cognition following severe traumatic brain injury. *Journal of the International Neuropsychological Society, 19,* 231–246.

McDonald, S., Tate, R., Togher, L., Bornhofen, C., Long, E., Gertler, P. et al. (2008). Social skills treatment for people with severe, chronic acquired brain injuries: A multicenter trial. *Archives of Physical Medicine and Rehabilitation, 89,* 1648–1659.

Mühlig, S., Rother, A., Neumann-Thiele, A., & Scheurich, A. (2009). Zur Versorgungssituation im Bereich der ambulanten neuropsychologischen Therapie – Eine bundesweite Totalerhebung. *Zeitschrift für Neuropsychologie, 20,* 93–107.

Müller, S. (2013). *Störungen der Exekutivfunktionen. Fortschritte der Neuropsychologie* (Bd. 13). Göttingen: Hogrefe.

Neumann, D., Babbage, D. R., Zupan, B., & Willer, B. (2015). A randomized controlled trial of emotion recognition training after traumatic brain injury. *The Journal of Head Trauma Rehabilitation, 30,* E12–E23.

Neumann, D., McDonald, B. C., West, J., Keiski, M. A., & Wang, Y. (2016). Neurobiological mechanisms associated with facial affect recognition deficits after traumatic brain injury. *Brain Imaging and Behavior, 10,* 569–580.

Osborn-Crowley, K., & McDonald, S. (2018). A review of social disinhibition after traumatic brain injury. *Journal of Neuropsychology, 12*(2), 176–199.

Ownsworth, T., Arnautovska, U., Beadle, E., Shum, D. H. K., & Moyle, W. (2018). Efficacy of telerehabilitation for adults with traumatic brain injury: A systematic review. *Journal of Head Trauma Rehabilitation, 33*(4), E33–E46.

Penner, I. K., & Paul, F. (2017). Fatigue as a symptom or comorbidity of neurological diseases. *Nature Reviews Neurology, 13,* 662–675.

Pertz, M., Okoniewski, A., Schlegel, U., & Thoma, P. (2019). Impairment of sociocognitive functions in patients with brain tumours. *Neuroscience & Biobehavioral Reviews, 108,* 370–392.

Radice-Neumann, D., Zupan, B., Tomita, M., & Willer, B. (2009). Training emotional processing in persons with brain injury. *Journal of Head Trauma Rehabilitation, 24,* 313–323.

Rickels, E., von Wild, K., Wenzlaff, P., & Bock, W. J. (2006). *Schädel-Hirn-Verletzung – Epidemiologie und Versorgung. Ergebnisse einer prospektiven Studie.* Germering bei München: Zuckschwerdt Verlag für Medizin und Naturwissenschaften.

Schacter, D. L., & Addis, D. R. (2007). The ghosts of past and future. *Nature, 445,* 27.

Schellig, D., Drechsler, R., Heinemann, D., & Sturm, W. (2009). *Handbuch neuropsychologischer Testverfahren* (Bd. 1: Aufmerksamkeit, Gedächtnis, exekutive Funktionen). Göttingen: Hogrefe.

Schultheis, M. T., & Whipple, E. (2014). Driving after traumatic brain injury: Evaluation and rehabilitation interventions. *Current Physical Medicine and Rehabilitation Reports, 2,* 176–183.

Sturm, W. (2005) *Aufmerksamkeitsstörungen. Fortschritte der Neuropsychologie* (Bd. 4). Göttingen: Hogrefe.

Sturm, W., Fimm, B., Cantagallo, A., Cremel, N., North, P., Passadori, A., et al. (2003). Computergestütztes Training spezifischer Aufmerksamkeitsfunktionen bei Patienten nach Schlaganfall oder Schädelhirntrauma: Eine europäische multizentrische Effizienzstudie. *Zeitschrift für Neuropsychologie, 14,* 283–292.

Thöne-Otto, A., Schellhorn, A., & Wenz, C. (2018). *Persönlichkeits- und Verhaltensstörungen nach Hirnschädigung. Fortschritte der Neuropsychologie* (Bd. 18). Göttingen: Hogrefe.

Westerhof-Evers, H. J., Visser-Keizer, A. C., Fasotti, L., Schonherr, M. C., Vink, M., van der Naalt, J., et al. (2017). Effectiveness of a treatment for impairments in social cognition and emotion regulation (T-ScEmo) after traumatic brain injury: A randomized controlled trial. *Journal of Head Trauma Rehabilitation, 32,* 296–307.

Winegardner, J., Keohane, C., Prince, L., & Neumann, D. (2016). Perspective training to treat anger problems after brain injury: Two case studies. *NeuroRehabilitation, 39,* 153–162.

Winson, R., Wilson, B. A., & Bateman, A. (2020). *Rehabilitation nach Hirnschädigung. Ein Therapiemanual.* Göttingen: Hogrefe.

Worthington, A., & Wood, R. L. (2018). Apathy following traumatic brain injury: A review. *Neuropsychologia, 118,* 40–47.

}essentials{

Patrizia Thoma

Neuropsychologie der Schizophrenie

Eine Einführung für Psychotherapeutinnen und Psychotherapeuten